35
ANOS
COMPANHIA
DAS LETRAS

32

POESIA COMPLETA
DE ALBERTO CAEIRO

FERNANDO PESSOA

POESIA COMPLETA DE ALBERTO CAEIRO

EDIÇÃO
FERNANDO CABRAL MARTINS
RICHARD ZENITH

COMPANHIA DAS LETRAS

7	NOTA PRÉVIA
11	PREFÁCIO DE RICARDO REIS
16	**O GUARDADOR DE REBANHOS**
80	**O PASTOR AMOROSO**
90	**POEMAS INCONJUNTOS**
168	FRAGMENTOS
170	POEMAS VARIANTES
174	POEMAS DE ATRIBUIÇÃO INCERTA
178	PROSAS
179	Entrevista com Alberto Caeiro
182	[Só a prosa é que se emenda]

184 LISTAS DE POEMAS ELABORADAS POR PESSOA
187 NOTAS
211 ÍNDICE DOS PRIMEIROS VERSOS

218 UMA APRENDIZAGEM DE DESAPRENDER
LEONARDO FRÓES

232 CAEIRO TRIUNFAL
RICHARD ZENITH

262 A NOÇÃO DAS COISAS
FERNANDO CABRAL MARTINS

282 SOBRE O AUTOR

NOTA PRÉVIA

De modo geral, há bastantes formas aceitáveis de publicar um determinado livro de Fernando Pessoa. Obras como o *Livro do desassossego*, *Fausto* e outros textos dramáticos, quase todos os seus contos e quase todos os seus ensaios foram deixados como amontoados de fragmentos, com poucas e contraditórias indicações de como deveriam ser articulados. E mesmo quando há indicações mais claras, teremos nós o direito de ligar peças que o autor deixou dispersas? Não é fácil responder a essa pergunta, que faz recordar as grandes discussões a propósito do restauro de igrejas e monumentos em ruínas. Com a importante diferença de os edifícios, no caso de Pessoa, nunca terem chegado a ser levantados. Publicar Pessoa não é reconstruir, mas sim construir. Quem organiza um livro deste autor vê-se quase sempre obrigado a dar uma ordem aos textos, pelo menos até certo ponto, a decidir que material deve ser incluído e a submetê-lo a um tratamento qualquer (já que os originais são frequentemente salpicados por variantes e sinais de dubitação). A obra atribuída a Alberto Caeiro, embora tenha fronteiras mais ou menos claras, não foge da regra geral.

O guardador de rebanhos, apesar da sua relativa coerência global, está longe de ser uma obra acabada e estável e *O pastor amoroso* ainda menos, enquanto os *Poemas inconjuntos*, segundo o próprio título indica, nem à coerência aspiram. Não sabemos que forma final Pessoa teria dado a qualquer das três obras, nem que forma teria assumido o livro (ou livros) que as contivesse. O autor encarou quer a possibilidade de publicar *O guardador de rebanhos* separadamente, precedido por um pequeno prefácio (ver as cartas de Pessoa a João Gaspar Simões datadas de 25 de fevereiro de 1933 e 11 de abril de 1933), quer de publicar toda a poesia caeiriana num só livro, juntamente com "uns três ou cinco *livros* das *Odes* do Ricardo Reis" e ainda as *Notas para a recordação do meu Mestre Caeiro* de Álvaro de Campos (ver carta a JGS datada de 28 de julho de 1932). Um outro plano excluía as *Odes* mas incluía, para além das *Notas* de Campos, uma "Nota dos editores", um prefácio de Ricardo Reis e um horóscopo feito por Pessoa.

A presente edição abrange todos os poemas de Caeiro que localizamos no espólio pessoano (incluindo seis inéditos entre os *Poemas inconjuntos*), seguidos de fragmentos (um dos quais inédito), poemas variantes, dois poemas de atribuição incerta (inéditos) e listas de poemas caeirianos elaboradas por Pessoa. Uma vez que a "prosa" de Caeiro é escassa, consideramos conveniente publicá-la neste volume. Apesar de Alberto Caeiro não ser um escritor de prosa, algumas das palavras que teria proferido foram registradas, sobretudo por Álvaro de Campos, nas conhecidas *Notas para a recordação do meu Mestre Caeiro*. Menos conhecida é uma "entrevista" com Caeiro, situada em Vigo e datável de 1914, bem como um apontamento assinado por Caeiro, embora se trate de uma transcrição de palavras suas feita por outra pessoa. Escrito no verso de uma página da referida "entrevista", esse apontamento também datará de 1914.

Segundo conta Ricardo Reis, os parentes do falecido Alberto Caeiro pediram-lhe um prefácio para a edição dos seus *Poemas completos*. Pessoa, como de costume, foi escrevendo muitos trechos destinados a esse prefácio, com a ideia de os incluir posteriormente num único texto fluido, mas essa ideia, como de costume, nunca foi concretizada, embora exista um plano pormenorizado para a organização de todo o material escrito. Reis acaba por reconhecer, entretanto, que o seu texto "excedeu o volume natural de um prefácio" e sugere que seja publicado "como prefácio ou como comentário separado ao livro do Mestre". Escreve, assim, um outro prefácio mais curto, em que renuncia à sua intenção original de fazer, "em prefácio, um largo estudo crítico e excursivo sobre a obra de Caeiro" por impossibilidade de produzir um estudo que o satisfizesse. "Não se pode comentar", explica, "porque se não pode pensar o que é direto, como o céu e a terra." É esse breve prefácio que publicamos aqui, deixando o grande e inacabado estudo ricardiano sobre o Mestre para um outro livro. Também para um outro livro ficam as *Notas para a recordação do meu Mestre Caeiro*. Damos conta, em posfácio, de vários pontos abordados por Reis no seu prefácio e por Campos nas suas *Notas*, bem como por Thomas Crosse no seu "Translator's Preface", por Antônio Mora em *O regresso dos deuses* e por Fernando Pessoa num artigo inacabado destinado à revista *A Águia*, onde pretendia noticiar o aparecimento do "Descobridor da Natureza", do "Colombo das sensações verdadeiras". Optamos por não incluir todo esse material ensaístico sobre Caeiro, atendendo ao ditame "Toda obra fala por si, [...] quem não entende não pode entender, e não há pois que explicar-lhe", que Reis escreve no pequeno prefácio seu que aqui publicamos.

Para a fixação do texto, o nosso critério consistiu na escolha da primeira lição escrita e não riscada. Isso não envolve uma afirmação acerca da prevalência, em teoria, da primeira lição ou da última. Mas a verdade é que a não observação desse critério, no caso de Pessoa em geral e no de Caeiro em particular, pode conduzir à deformação do texto.

Se compararmos as variantes, introduzidas por Pessoa nos seus originais de *O guardador de rebanhos*, com aquelas que ele efetivamente adotou ao publicar quase metade desses poemas em revistas, verificamos que ele aproveitou na maioria das vezes a última variante. No entanto, se nós optássemos sempre pela última variante no caso dos poemas não publicados por Pessoa, aconteceria, por exemplo, que a célebre hesitação no poema xv de *O guardador de rebanhos*, onde se lê "duas" por cima de "quatro" no primeiro verso ("As quatro canções que seguem"), teria que prevalecer, dando então "As duas canções que seguem". Isso apesar de a simples leitura das canções "doentes" que se seguem mostrar tratar-se de quatro, e não de duas.

Outro exemplo: no poema II, o adjetivo "eterna" no verso "Para a eterna novidade do mundo" sugeriu a Pessoa nada menos que cinco adjetivos variantes: "perpétua", "súbita", "serena", "grande", "completa". Nenhum deles aparece escolhido, ou sequer preferido.

Cada um vem alterar o sentido, encaminhá-lo numa direção diferente. E, para além do fato singelo de não se saber, com certeza absoluta, qual deles apareceu ali em último lugar, qualquer escolha desregularia o poema inteiro. Outro exemplo ainda: no último verso do poema XXIII, o verbo "parecer", sem ser riscado, tem escritas por baixo, sucessivamente, duas formas alternativas, "saber" e "perceber". Nenhuma delas é preferida, nenhuma delas é cortada. O que pode ser claro para o leitor de Caeiro é que nenhuma delas é inteiramente satisfatória, que nenhuma delas conduz a uma clarificação do verso. Seria uma óbvia alteração para pior, portanto, o que se conseguiria fazendo a correção que o autor não fez.

Indicam-se nas notas as variantes, bem como as datas de composição (quando existem) e outras informações textuais.

Corrigem-se os erros evidentes e faz-se a atualização ortográfica. Mas não se uniformizam as grafias de "cousa" e "coisa", nisso seguindo uma certa nota de Pessoa: "Ai dos que não podem compreender que o oiro é brilhante e o ouro baço!".

É integrado no presente volume um novo poema, bem como uma série de emendas que surgem em nossa 3ª edição de *Poesia de Alberto Caeiro* (Lisboa: Assírio & Alvim, 2014). A publicação de *Poemas de Alberto Caeiro* (Lisboa: IN-CM, 2015), uma edição crítica feita por Ivo Castro, nos chamou a atenção para a necessidade de várias releituras, que também aqui incluímos.

F.C.M.
R.Z.

SINAIS USADOS NA FIXAÇÃO DO TEXTO:
□ – espaço deixado em branco pelo autor
[.] – palavra ou frase ilegível
[ ] – palavra acrescentada pelos editores
[?] – leitura conjectural

PREFÁCIO DE RICARDO REIS

Alberto Caeiro da Silva nasceu em Lisboa a [16] de abril em 1889, e nessa cidade faleceu, tuberculoso, em ☐ de 1915. A sua vida, porém decorreu quase toda numa quinta do Ribatejo; só os primeiros dois anos dele, e os últimos meses, foram passados na sua cidade natal. Nessa quinta isolada cuja aldeia próxima considerava por sentimento como sua terra, escreveu Caeiro quase todos os seus poemas – os primeiros, a que chamou "de criança", os do livro intitulado *O guardador de rebanhos*, os do livro, ou o quer que fosse, incompleto, chamado *O pastor amoroso*, e alguns, os primeiros, dos que eu mesmo, herdando-os para publicar, com todos os outros, reuni sob a designação, que Álvaro de Campos me sugeriu[1] bem, de *Poemas inconjuntos*. Os últimos destes poemas, a partir daquele numerado ☐, são porém produto do último período da vida do autor, de novo passada em Lisboa. Julgo de meu dever estabelecer esta breve distinção, pois alguns desses últimos poemas revelam, na[2] perturbação da doença, uma novidade um pouco estranha ao caráter geral da obra, assim em natureza como em direção.

A vida de Caeiro não pode narrar-se pois que não há nele de que narrar. Seus poemas são o que viveu.[3] Em tudo mais não houve incidentes, nem há história. O mesmo breve episódio, improfícuo e absurdo, que deu origem aos [oito] poemas de *O pastor amoroso*, não foi um incidente, senão, por assim dizer, um esquecimento.

A obra de Caeiro representa a reconstrução integral de paganismo, na sua essência absoluta, tal como nem os gregos nem os romanos, que viveram nele e por isso o não pensaram, o puderam fazer. A obra, porém, e o seu paganismo, não foram nem pensados nem até sentidos: foram vividos com o que quer que seja que é em nós mais profundo que o sentimento ou a razão. Dizer mais fora explicar, o que de nada serve; afirmar menos fora mentir. Toda obra fala por si, com a voz que lhe é própria, e naquela linguagem em que é pensada,[4] quem não entende, não pode entender, e não há pois que explicar-lhe. É como fazer compreender a alguém, espaçando as palavras no dizer, um idioma que nunca aprendeu.

Ignorante da vida e quase ignorante das letras, quase sem convívio nem cultura, fez Caeiro a sua obra por um progresso imperceptível e profundo, como aquele que dirige, através das consciências inconscientes dos homens, o desenvolvimento lógico das civilizações. Foi um progresso de sensações, ou, antes, de maneiras de as ter, e uma evolução íntima de pensamentos derivados de tais sensações progressivas. Por uma intuição sobre-humana, como aquelas que fundam religiões para sempre, porém a que não assenta o título de religiosa, por isso que, como o sol e a chuva, repugna toda a religião e toda a metafísica, este homem descobriu o mundo sem pensar nele, e criou um conceito do universo que não contém meras interpretações.

Pensei, quando primeiro me foi entregada a empresa de prefaciar estes livros, em fazer[5] um largo estudo, crítico e excursivo, sobre a obra de Caeiro e a sua natureza e destino fatal.[6] Tentei com abundância escrevê-lo. Porém não pude fazer[7] estudo algum que me satisfizesse. Não se pode comentar, porque se não pode pensar, o que é direto, como o céu e a terra; pode tão somente ver-se e sentir-se.

Pesa-me que a razão me compila a dizer estas nenhumas palavras[8] ante a obra do meu Mestre, de não poder escrever, de útil ou de necessário, com a cabeça, mais que disse, com o coração, na Ode [XIV] do Livro I meu, com a qual choro o homem que foi para mim, como virá a ser para mais que muitos, o revelador da Realidade, ou, como ele mesmo disse, "o Argonauta das sensações verdadeiras" – o grande Libertador, que nos restituiu, cantando, ao nada luminoso que somos; que nos arrancou à morte e à vida, deixando-nos entre as simples coisas, que nada conhecem, em seu decurso, de viver nem de morrer; que nos livrou da esperança e da desesperança, para que nos não consolemos sem razão nem nos entristeçamos sem causa; convivas com ele, sem pensar, da realidade[9] objetiva do Universo.

Dou a obra, cuja edição me foi cometida, ao acaso fatal do mundo. Dou-a e digo:

Alegrai-vos, todos vós que chorais na maior das doenças da História!

O Grande Pã renasceu!

*Esta obra inteira é dedicada
por desejo do próprio autor
à memória de
Cesário Verde*

Como um fio de sol por a uma origem

Como um por de sol para nos

Triste como um fio de sol para para sair dha.

I.

Eu nunca guardei rebanhos,
Mas é como se os guardasse...
Minha alma é como um pastor,
Pertence ao vento e ao sol
E anda pela mão das estações
A correr e a brincar...
Toda a paz da Natureza sem gente
Vem sentar-se a meu lado...
Mas eu fico triste como um por de sol
Quando acontece ao fundo da planície
E se sente a noite entrar
Como uma borboleta pela janella.

Mas a minha tristeza é socego
Porque é natural e justa
E é o que deve ter a alma
Quando pensa que existe
E as mãos colhem flores sem ella dar por isso.

Como um ruido de chocalhos
Para além da curva da estrada,
Os meus pensamentos são contentes.
Só tenho pena de saber que elles são contentes,
Porque, se o não soubesse,
Em vez de serem contentes e tristes,
Seriam alegres e contentes.

Pensar incommoda como andar á chuva
Quando o vento cresce e parece que chove mais

O GUARDADOR
DE REBANHOS

I

Eu nunca guardei rebanhos,
Mas é como se os guardasse.
Minha alma é como um pastor,
Conhece o vento e o sol
E anda pela mão das Estações
A seguir e a olhar.
Toda a paz da Natureza sem gente
Vem sentar-se a meu lado.
Mas eu fico triste como um pôr de sol
Para a nossa imaginação,
Quando esfria no fundo da planície
E se sente a noite entrada
Como uma borboleta pela janela.

Mas a minha tristeza é sossego
Porque é natural e justa
E é o que deve estar na alma
Quando já pensa que existe
E as mãos colhem flores sem ela dar por isso.

Como um ruído de chocalhos
Para além da curva da estrada,
Os meus pensamentos são contentes.
Só tenho pena de saber que eles são contentes,
Porque, se o não soubesse,
Em vez de serem contentes e tristes,
Seriam alegres e contentes.

Pensar incomoda como andar à chuva
Quando o vento cresce e parece que chove mais.

Não tenho ambições nem desejos.
Ser poeta não é uma ambição minha.
É a minha maneira de estar sozinho.

E se desejo às vezes,
Por imaginar, ser cordeirinho
(Ou ser o rebanho todo
Para andar espalhado por toda a encosta
A ser muita cousa feliz ao mesmo tempo),
É só porque sinto o que escrevo ao pôr do sol,
Ou quando uma nuvem passa a mão por cima da luz
E corre um silêncio pela erva fora.

Quando me sento a escrever versos
Ou, passeando pelos caminhos ou pelos atalhos,
Escrevo versos num papel que está no meu pensamento,
Sinto um cajado nas mãos
E vejo um recorte de mim
No cimo dum outeiro,
Olhando para o meu rebanho e vendo as minhas ideias
Ou olhando para as minhas ideias e vendo o meu rebanho,
E sorrindo vagamente como quem não compreende o que se diz
E quer fingir que compreende.

Saúdo todos os que me lerem,
Tirando-lhes o chapéu largo
Quando me veem à minha porta
Mal a diligência levanta no cimo do outeiro.
Saúdo-os e desejo-lhes sol,
E chuva, quando a chuva é precisa,
E que as suas casas tenham
Ao pé duma janela aberta
Uma cadeira predileta
Onde se sentem, lendo os meus versos.
E ao lerem os meus versos pensem
Que sou qualquer cousa natural –

Por exemplo, a árvore antiga
À sombra da qual quando crianças
Se sentavam com um baque, cansados de brincar,
E limpavam o suor da testa quente
Com a manga do bibe riscado.

II

O meu olhar é¹ nítido como um girassol.
Tenho o costume de andar pelas estradas
Olhando para a direita e para a esquerda,
E de vez em quando olhando para trás...
E o que vejo a cada momento
É aquilo que nunca antes eu tinha visto,
E eu sei dar por isso muito bem...
Sei ter o pasmo comigo²
Que teria uma criança se, ao nascer,
Reparasse que nascera deveras...
Sinto-me nascido a cada momento
Para a eterna³ novidade do mundo...

Creio no mundo como num malmequer,
Porque o vejo. Mas não penso nele
Porque pensar é não compreender...
O mundo não se fez para pensarmos nele
(Pensar é estar doente dos olhos)
Mas para olharmos para ele e estarmos de acordo.

Eu não tenho filosofia: tenho sentidos...
Se falo na Natureza não é porque saiba o que ela é,
Mas porque a amo, e amo-a por isso,
Porque quem ama nunca sabe o que ama
Nem sabe por que ama, nem o que é amar...

Amar é a eterna⁴ inocência,
E a única⁵ inocência é não pensar...

III

Ao entardecer, debruçado pela janela,
E sabendo de soslaio[1] que há campos em frente,
Leio até me arderem os olhos
O Livro de Cesário Verde.

Que pena que tenho dele! Ele era um camponês
Que andava preso em liberdade pela cidade.
Mas o modo como olhava para as casas,
E o modo como reparava nas ruas,
E a maneira como dava pelas pessoas,
É o de quem olha para árvores,
E de quem desce os olhos pela estrada por onde vai andando
E anda[2] a reparar nas flores que há pelos campos...

Por isso ele tinha aquela grande tristeza
Que ele nunca disse bem que tinha,
Mas andava na cidade como quem não anda no campo
E triste como esmagar flores em livros
E pôr plantas em jarros...

IV

Esta tarde a trovoada caiu
Pelas encostas do céu abaixo
Como um pedregulho enorme...

Como alguém que duma janela alta
Sacode uma toalha de mesa,
E as migalhas, por caírem todas juntas,
Fazem algum barulho ao cair,
A chuva chiou do céu
E enegreceu os caminhos...

Quando os relâmpagos sacudiam o ar
E abanavam o espaço
Como uma grande cabeça que diz que não,
Não sei porquê – eu não tinha medo –
Pus-me a querer[1] rezar a Santa Bárbara
Como se eu fosse a velha tia de alguém...

Ah! é que rezando a Santa Bárbara
Eu sentir-me-ia ainda mais simples
Do que julgo que sou...
Sentir-me-ia familiar e caseiro
E tendo passado a vida
Tranquilamente, como o muro do quintal;
Tendo ideias e sentimentos por os ter
Como uma flor tem perfume e cor...[2]

Sentia-me alguém que possa acreditar em Santa Bárbara...
Ah, poder crer em Santa Bárbara!

(Quem crê que há Santa Bárbara,
Julgará que ela é gente e visível
Ou que julgará dela?)

(Que artifício! Que sabem
As flores, as árvores, os rebanhos,
De Santa Bárbara?... Um ramo de árvore,
Se pensasse, nunca podia
Construir santos nem anjos...
Poderia julgar que o sol
Alumia, e que a trovoada
É uma quantidade de gente
Zangada por cima de nós...[3]
Ah, como os mais simples dos homens
São doentes e confusos e estúpidos
Ao pé da clara simplicidade
E saúde em existir
Das árvores e das plantas!)

E eu, pensando em tudo isto,
Fiquei outra vez menos feliz...
Fiquei sombrio e adoecido e soturno
Como um dia em que todo o dia a trovoada ameaça
E nem sequer de noite chega...

V

Há metafísica bastante em não pensar em nada.

O que penso eu do mundo?
Sei lá o que penso do mundo!
Se eu adoecesse pensaria nisso.

Que ideia tenho eu das cousas?
Que opinião tenho sobre as causas e os efeitos?
Que tenho eu meditado sobre Deus e a alma
E sobre a criação do mundo?
Não sei. Para mim pensar nisso é fechar os olhos
E não pensar. É correr as cortinas
Da minha janela (mas ela não tem cortinas).

O mistério das cousas? Sei lá o que é mistério!
O único mistério é haver quem pense no mistério.
Quem está ao sol e fecha os olhos,
Começa a não saber o que é o sol
E a pensar muitas cousas cheias de calor.
Mas abre os olhos e vê o sol,
E já não pode pensar em nada,
Porque a luz do sol vale mais que os pensamentos
De todos os filósofos e de todos os poetas.
A luz do sol não sabe o que faz
E por isso não erra e é comum e boa.

Metafísica? Que metafísica têm aquelas árvores?
A de serem verdes e copadas e de terem ramos
E a de dar fruto na sua hora, o que não nos faz pensar,
A nós, que não sabemos dar por elas.
Mas que melhor metafísica que a delas,
Que é a de não saber para que vivem
Nem saber que o não sabem?

"Constituição íntima das cousas"...
"Sentido íntimo do universo"...
Tudo isto é falso, tudo isto não quer dizer nada.
É incrível que se possa pensar em cousas dessas.
É como pensar em razões e fins
Quando o começo da manhã está raiando, e pelos lados das
[árvores
Um vago ouro lustroso vai perdendo a escuridão.

Pensar no sentido íntimo das cousas
É acrescentado, como pensar na saúde
Ou levar um copo à água das fontes.

O único sentido íntimo das cousas
É elas não terem sentido íntimo nenhum.

Não acredito em Deus porque nunca o vi.
Se ele quisesse que eu acreditasse nele,
Sem dúvida que viria falar comigo
E entraria pela minha porta dentro
Dizendo-me, *Aqui estou!*

(Isto é talvez ridículo aos ouvidos
De quem, por não saber o que é olhar para as cousas,
Não compreende quem fala delas
Com o modo de falar que reparar para elas ensina.)

Mas se Deus é as flores e as árvores
E os montes e o sol e o luar,
Então acredito nele,
Então acredito nele a toda a hora,
E a minha vida é toda uma oração e uma missa,
E uma comunhão com os olhos e pelos ouvidos.

Mas se Deus é as árvores e as flores
E os montes e o luar e o sol,

Para que lhe chamo eu Deus?
Chamo-lhe flores e árvores e montes e sol e luar;
Porque, se ele se fez, para eu o ver,
Sol e luar e flores e árvores e montes,
Se ele me aparece como sendo árvores e montes
E luar e sol e flores,
É que ele quer que eu o conheça
Como árvores e montes e flores e luar e sol.

E por isso eu obedeço-lhe,
(Que mais sei eu de Deus que Deus de si próprio?),
Obedeço-lhe a viver, espontaneamente,
Como quem abre os olhos e vê,
E chamo-lhe luar e sol e flores e árvores e montes,
E amo-o sem pensar nele,
E penso-o vendo e ouvindo,
E ando com ele a toda a hora.

VI

Pensar em Deus é desobedecer a Deus,
Porque Deus quis que o não conhecêssemos,
Por isso se nos não mostrou...

Sejamos simples e calmos,
Como os regatos e as árvores,
E Deus amar-nos-á fazendo de nós
Nós como as árvores são árvores
E como os regatos são regatos,
E dar-nos-á verdor na sua primavera,
E um rio aonde ir ter quando acabemos...
E não nos dará mais nada, porque dar-nos mais seria tirar-no-nos.

VII

Da minha aldeia vejo quanto da terra se pode ver do universo...
Por isso a minha aldeia é tão grande como outra terra qualquer,
Porque eu sou do tamanho do que vejo
E não do tamanho da minha altura...

Nas cidades a vida é mais pequena
Que aqui na minha casa no cimo[1] deste outeiro.
Na cidade as grandes casas fecham[2] a vista à chave,
Escondem o horizonte, empurram o nosso olhar para longe de
[todo o céu,
Tornam-nos pequenos porque nos tiram todo o tamanho que
[podemos olhar,
E tornam-nos pobres porque a nossa única riqueza é ver.

VIII

Num meio-dia de fim de primavera
Tive um sonho como uma fotografia.
Vi Jesus Cristo descer à terra.

Veio pela encosta de um monte
Tornado outra vez menino,
A correr e a rolar-se pela erva
E a arrancar flores para as deitar fora
E a rir de modo a ouvir-se de longe.

Tinha fugido do céu.
Era nosso demais para fingir
De segunda pessoa da trindade.
No céu era tudo falso, tudo em desacordo
Com flores e árvores e pedras.
No céu tinha que estar sempre sério
E de vez em quando de se tornar outra vez homem
E subir para a cruz, e estar sempre a morrer
Com uma coroa toda à roda de espinhos
E os pés espetados por um prego com cabeça,
E até com um trapo à roda da cintura
Como os pretos nas ilustrações.
Nem sequer o deixavam ter pai e mãe
Como as outras crianças.
O seu pai era duas pessoas –
Um velho chamado José, que era carpinteiro,
E que não era pai dele;
E o outro pai era uma pomba estúpida,
A única pomba feia do mundo
Porque não era do mundo nem era pomba.

E a sua mãe não tinha amado antes de o ter.
Não era mulher: era uma mala
Em que ele tinha vindo do céu.
E queriam que ele, que só nascera da mãe,
E nunca tivera pai para amar com respeito,
Pregasse a bondade e a justiça!

Um dia que Deus estava a dormir
E o Espírito Santo andava a voar,
Ele foi à caixa dos milagres e roubou três.
Com o primeiro fez que ninguém soubesse que ele tinha fugido.
Com o segundo criou-se eternamente humano e menino.
Com o terceiro criou um Cristo eternamente na cruz
E deixou-o pregado na cruz que há no céu
E serve de modelo às outras.
Depois fugiu para o sol
E desceu pelo primeiro raio que apanhou.

Hoje vive na minha aldeia comigo.
É uma criança bonita de riso e natural.
Limpa o nariz ao braço direito,
Chapinha nas poças de água,
Colhe as flores e gosta delas e esquece-as.
Atira pedras aos burros,
Rouba a fruta dos pomares
E foge a chorar e a gritar dos cães.
E, porque sabe que elas não gostam
E que toda a gente acha graça,
Corre atrás das raparigas
Que vão em ranchos pelas estradas
Com as bilhas às cabeças
E levanta-lhes as saias.

A mim ensinou-me tudo.
Ensinou-me a olhar para as coisas.
Aponta-me todas as coisas que há nas flores.

Mostra-me como as pedras são engraçadas
Quando a gente as tem na mão
E olha devagar para elas.

Diz-me muito mal de Deus.
Diz que ele é um velho estúpido e doente,
Sempre a escarrar no chão
E a dizer indecências.
A Virgem Maria leva as tardes da eternidade a fazer meia.
E o Espírito Santo coça-se com o bico
E empoleira-se nas cadeiras e suja-as.
Tudo no céu é estúpido como a Igreja Católica.
Diz-me que Deus não percebe nada
Das coisas que criou —
"Se é que ele as criou, do que duvido" —.
"Ele diz, por exemplo, que os seres cantam a sua glória,
Mas os seres não cantam nada.
Se cantassem seriam cantores.
Os seres existem e mais nada,
E por isso se chamam seres".

E depois, cansado de dizer mal de Deus,
O Menino Jesus adormece nos meus braços
E eu levo-o ao colo para casa.

―――

Ele mora comigo na minha casa a meio do outeiro.
Ele é a Eterna Criança, o deus que faltava.
Ele é o humano que é natural,
Ele é o divino que sorri e que brinca.
E por isso é que eu sei com toda a certeza
Que ele é o Menino Jesus verdadeiro.

E a criança tão humana que é divina
É esta minha quotidiana vida de poeta,
E é porque ele anda sempre comigo que eu sou poeta sempre,

E que o meu mínimo olhar
Me enche de sensação,
E o mais pequeno som, seja do que for,
Parece falar comigo.

A Criança Nova que habita onde vivo
Dá-me uma mão a mim
E a outra a tudo que existe
E assim vamos os três pelo caminho que houver,
Saltando e cantando e rindo
E gozando o nosso segredo comum
Que é o de saber por toda a parte
Que não há mistério no mundo
E que tudo vale a pena.

A Criança Eterna acompanha-me sempre.
A direção do meu olhar é o seu dedo apontando.
O meu ouvido atento alegremente a todos os sons
São as cócegas que ele me faz, brincando, nas orelhas.

Damo-nos tão bem um com o outro
Na companhia de tudo
Que nunca pensamos um no outro,
Mas vivemos juntos e dois
Com um acordo íntimo
Como a mão direita e a esquerda.

Ao anoitecer brincamos as cinco pedrinhas
No degrau da porta de casa,
Graves como convém a um deus e a um poeta,
E como se cada pedra
Fosse todo um universo
E fosse por isso um grande perigo para ela
Deixá-la cair no chão.
Depois eu conto-lhe histórias das coisas só dos homens
E ele sorri, porque tudo é incrível.

Ri dos reis e dos que não são reis,
E tem pena de ouvir falar das guerras,
E dos comércios, e dos navios
Que ficam fumo no ar dos altos mares.
Porque ele sabe que tudo isso falta àquela verdade
Que uma flor tem ao florescer
E que anda com a luz do sol
A variar os montes e os vales
E a fazer doer aos olhos os muros caiados.

Depois ele adormece e eu deito-o.
Levo-o ao colo para dentro de casa
E deito-o, despindo-o lentamente
E como seguindo um ritual muito limpo
E todo materno até ele estar nu.

Ele dorme dentro da minha alma
E às vezes acorda de noite
E brinca com os meus sonhos.
Vira uns de pernas para o ar,
Põe uns em cima dos outros
E bate as palmas sozinho
Sorrindo para o meu sono.

―――

Quando eu morrer, filhinho,
Seja eu a criança, o mais pequeno.
Pega-me tu ao colo
E leva-me para dentro da tua casa.
Despe o meu ser cansado e humano
E deita-me na tua cama.
E conta-me histórias, caso eu acorde,
Para eu tornar a adormecer.
E dá-me sonhos teus para eu brincar
Até que nasça qualquer dia
Que tu sabes qual é.

———

Esta é a história do meu Menino Jesus.
Por que razão que se perceba
Não há de ser ela mais verdadeira
Que tudo quanto os filósofos pensam
E tudo quanto as religiões ensinam?

IX

Sou um guardador de rebanhos.
O rebanho é os meus pensamentos
E os meus pensamentos são todos sensações.
Penso com os olhos e com os ouvidos
E com as mãos e os pés
E com o nariz e a boca.

Pensar uma flor é vê-la e cheirá-la
E comer um fruto é saber-lhe o sentido.

Por isso quando num dia de calor
Me sinto triste de gozá-lo tanto,
E me deito ao comprido na erva,
E fecho os olhos quentes,
Sinto todo o meu corpo deitado na realidade,
Sei a verdade e sou feliz.

X

"Olá, guardador de rebanhos,
Aí à beira da estrada,
Que te diz o vento que passa?"

"Que é vento, e que passa,
E que já passou antes,
E que passará depois.
E a ti o que te diz?"

"Muita cousa mais do que isso.
Fala-me de muitas outras cousas.
De memórias e de saudades
E de cousas que nunca foram."

"Nunca ouviste passar o vento.
O vento só fala do vento.
O que lhe ouviste foi mentira,
E a mentira está em ti."

XI

Aquela senhora tem um piano
Que é agradável[1] mas não é o correr dos[2] rios
Nem[3] o murmúrio que as árvores fazem...

Para que é preciso ter um piano?
O melhor é ter ouvidos
E amar a Natureza.[4]

XII

Os pastores de Virgílio tocavam avenas e outras cousas
E cantavam de amor literariamente
(Dizem – eu nunca li Virgílio.
Para que o havia eu de ler?).

Mas os pastores de Virgílio, coitados, são Virgílio,
E a Natureza é bela e antiga.[1]

XIII

Leve, leve, muito leve,
Um vento muito leve passa,
E vai-se, sempre muito leve.
E eu não sei o que penso
Nem procuro sabê-lo.

XIV

Não me importo com as rimas. Raras[1] vezes
Há duas árvores iguais, uma ao lado da outra.
Penso e escrevo como as flores têm cor
Mas com menos perfeição no meu modo de exprimir-me
Porque me falta a simplicidade divina[2]
De ser todo só o meu exterior.

Olho e comovo-me,
Comovo-me como a água corre quando o chão é inclinado
E a minha poesia[3] é natural como o levantar-se vento...

XV

As quatro[1] canções que seguem
Separam-se de tudo o que penso,
Mentem a tudo o que eu sinto,
São do contrário do que eu sou...

Escrevi-as estando doente
E por isso elas são naturais
E concordam com aquilo que sinto,
Concordam com aquilo com que não concordam...
Estando doente devo pensar o contrário
Do que penso quando estou são
(Senão não estaria doente),
Devo sentir o contrário do que sinto
Quando sou eu na[2] saúde,
Devo mentir à minha natureza
De criatura que sente de certa maneira...
Devo ser todo doente – ideias e tudo.
Quando estou doente, não estou doente para outra cousa.

Por isso essas canções que me renegam
Não são capazes de me renegar
E são a paisagem[3] da minha alma[4] de noite,
A mesma ao contrário...[5]

XVI

Quem me dera que a minha vida fosse um carro de bois
Que vem a chiar, manhaninha cedo, pela estrada,
E que para de onde veio volta depois,
Quase à noitinha pela mesma estrada.

Eu não tinha que ter esperanças – tinha só que ter rodas...
A minha velhice não tinha rugas nem cabelo branco...
Quando eu já não servia, tiravam-me as rodas
E eu ficava virado e partido no fundo de um barranco.

Ou então faziam de mim qualquer coisa diferente
E eu não sabia nada do que de mim faziam...
Mas eu não sou um carro, sou diferente,
Mas em que sou realmente diferente nunca me diriam.

XVII
A SALADA

No meu prato que mistura de Natureza!
As minhas irmãs as plantas,
As companheiras das fontes, as santas
A quem ninguém reza...

E cortam-nas e vêm à nossa mesa
E nos hotéis os hóspedes ruidosos,
Que chegam com correias tendo mantas,
Pedem[1] "salada", descuidosos...

Sem pensar que exigem à Terra-Mãe
A sua frescura e os seus filhos primeiros,
As primeiras verdes palavras que ela tem,
As primeiras cousas vivas e irisantes
Que Noé viu
Quando as águas desceram e o cimo dos montes
Verde e alagado surgiu
E no ar por onde a pomba apareceu
O arco-íris se esbateu...

XVIII

Quem me dera que eu fosse o pó da estrada
E que os pés dos pobres me estivessem pisando...

Quem me dera que eu fosse os rios que correm
E que as lavadeiras estivessem à minha beira...

Quem me dera que eu fosse os choupos à margem do rio
E tivesse só o céu por cima e a água por baixo...

Quem me dera que eu fosse o burro do moleiro
E que ele me batesse e me estimasse...

Antes isso que ser o que atravessa a vida
Olhando para trás de si e tendo pena...

XIX

O luar quando bate na relva
Não sei que cousas me lembra...
Lembra-me a voz da criada velha
Contando-me contos de fadas
E de como Nossa Senhora vestida de mendiga
Andava à noite nas estradas
Socorrendo as crianças maltratadas...

Se eu já não posso crer que isso é verdade,
Para que bate o luar na relva?

XX

O Tejo é mais belo que o rio que corre pela minha aldeia,
Mas o Tejo não é mais belo que o rio que corre pela minha aldeia
Porque o Tejo não é o rio que corre pela minha aldeia.

O Tejo tem grandes navios
E navega nele ainda,
Para aqueles que veem em tudo o que lá não está,
A memória das naus.

O Tejo desce de Espanha
E o Tejo entra no mar em Portugal.
Toda a gente sabe isso.
Mas poucos sabem qual é o rio da minha aldeia
E para onde ele vai
E donde ele vem.
E por isso, porque pertence a menos gente,
É mais livre e maior o rio da minha aldeia.

Pelo Tejo vai-se para o mundo.
Para além do Tejo há a América
E a fortuna daqueles que a encontram.
Ninguém nunca pensou no que há para além
Do rio da minha aldeia.

O rio da minha aldeia não faz pensar em nada.
Quem está ao pé dele está só ao pé dele.

XXI

Se eu pudesse trincar a terra toda
E sentir-lhe um paladar,
E se a terra fosse uma cousa para trincar
Seria mais feliz um momento...
Mas eu nem sempre quero ser feliz.
É preciso ser de vez em quando infeliz
Para se poder ser natural...
Nem tudo é dias de sol,
E a chuva, quando falta muito, pede-se.
Por isso tomo a infelicidade com a felicidade
Naturalmente, como quem não estranha
Que haja montanhas e planícies
E que haja rochedos e erva...

O que é preciso é ser-se natural e calmo
Na felicidade ou na infelicidade,
Sentir como quem olha,
Pensar como quem anda,
E quando se vai morrer, lembrar-se de que o dia morre,
E que o poente é belo e é bela a noite que fica...
Assim é e[1] assim seja...[2]

XXII

Como quem num dia de Verão abre a porta de casa
E espreita para o calor dos campos com a cara toda,
Às vezes, de repente, bate-me a Natureza de chapa
Na cara[1] dos meus sentidos,
E eu fico confuso, perturbado, querendo perceber
Não sei bem como nem o quê...

Mas quem me mandou a mim querer perceber?
Quem me disse que havia que perceber?

Quando o Verão nos[2] passa pela cara
A mão leve e quente da sua brisa,
Só tenho que sentir agrado porque é brisa
Ou que sentir desagrado porque é quente,
E de qualquer maneira que eu o sinta,
Assim, porque assim o sinto, é que isso é senti-lo...[3]

XXIII

O meu olhar azul como o céu
É calmo como a água ao sol.
É assim, azul e calmo,
Porque não interroga nem se espanta...

Se eu interrogasse e me espantasse
Não nasciam flores novas nos prados
Nem mudaria qualquer cousa no sol de modo a ele ficar mais
                                                                              [belo.

(Mesmo se nascessem flores novas no prado
E se o sol mudasse para mais belo,
Eu sentiria menos flores no prado
E achava mais feio o sol...
Porque tudo é como é e assim é que é,
E eu aceito, e nem agradeço,
Para não parecer[1] que penso nisso...)

XXIV

O que nós vemos das cousas são as cousas.
Por que veríamos nós uma cousa se houvesse outra?
Por que é que ver e ouvir seriam iludirmo-nos
Se ver e ouvir são ver e ouvir?

O essencial é saber ver,
Saber ver sem estar a pensar,
Saber ver quando se vê,
E nem pensar quando se vê
Nem ver quando se pensa.

Mas isso (tristes de nós que trazemos a alma vestida!),
Isso exige um estudo profundo,
Uma aprendizagem de desaprender
E uma sequestração na liberdade daquele convento
De que os poetas dizem que as estrelas são as freiras eternas
E as flores as penitentes convictas de um só dia,
Mas onde afinal as estrelas não são senão estrelas
Nem as flores senão flores,
Sendo por isso que lhes chamamos estrelas e flores.

XXV

As bolas de sabão que esta criança
Se entretém a largar de uma palhinha
São translucidamente uma filosofia toda.

Claras, inúteis e passageiras como a Natureza,
Amigas dos olhos como as cousas,
São aquilo que são
Com uma precisão redondinha e aérea,
E ninguém, nem mesmo a criança que as deixa,
Pretende que elas são mais do que parecem ser.

Algumas mal se veem no ar lúcido.
São como a brisa que passa e mal toca nas flores
E que só sabemos que passa
Porque qualquer cousa se aligeira em nós
E aceita tudo mais nitidamente.

XXVI

Às vezes, em dias de luz perfeita e exata,
Em que as cousas têm toda a realidade que podem ter,
Pergunto a mim próprio devagar
Por que sequer atribuo eu
Beleza às cousas.

Uma flor acaso tem beleza?
Tem beleza acaso um fruto?
Não: têm cor e forma
E existência apenas.
A beleza é o nome de qualquer cousa que não existe
Que eu dou às cousas em troca do agrado que me dão.
Não significa nada.
Então porque digo eu das cousas: são belas?

Sim, mesmo a mim, que vivo só de viver,
Invisíveis, vêm ter comigo as mentiras dos homens
Perante as cousas,
Perante as cousas que simplesmente existem.

Que difícil ser próprio e não ver senão o visível!

XXVII

Só a Natureza é divina, e ela não é divina...

Se às vezes falo dela como de um ente
É que para falar dela preciso usar da linguagem dos homens
Que dá personalidade às cousas,
E impõe nome às cousas.

Mas as cousas não têm nome nem personalidade:
Existem, e o céu é grande e a terra larga,
E o nosso coração do tamanho de um punho fechado...

Bendito seja eu por tudo quanto não sei.
É isso tudo que verdadeiramente sou.
Gozo tudo isso como quem sabe que há o sol.[1]

XXVIII

Li hoje quase duas páginas
Do livro dum poeta místico,
E ri como quem tem chorado muito.

Os poetas místicos são filósofos doentes,
E os filósofos são homens doidos.

Porque os poetas místicos dizem que as flores sentem
E dizem que as pedras têm alma
E que os rios têm êxtases ao luar.

Mas as flores, se sentissem, não eram flores,
Eram gente;
E se as pedras tivessem alma, eram cousas vivas, não eram pedras;
E se os rios tivessem êxtases ao luar,
Os rios seriam homens doentes.

É preciso não saber o que são flores e pedras e rios
Para falar dos sentimentos deles.
Falar da alma das pedras, das flores, dos rios,
É falar de si próprio e dos seus falsos pensamentos.
Graças a Deus que as pedras são só pedras,
E que os rios não são senão rios,
E que as flores são apenas flores.
Por mim, escrevo a prosa dos meus versos
E fico contente,
Porque sei que compreendo a Natureza por fora;
E não a compreendo por dentro
Porque a Natureza não tem dentro;
Senão não era a Natureza.

XXIX

Nem sempre sou igual no que digo e escrevo.
Mudo, mas não mudo muito.
A cor das flores não é a mesma ao sol
Do que quando uma nuvem passa[1]
Ou quando entra[2] a noite
E as flores são cor da sombra.[3]

Mas quem olha bem vê que são as mesmas flores.
Por isso quando pareço não concordar comigo,
Reparem bem para mim:
Se estava virado para a direita,
Voltei-me agora para a esquerda,
Mas sou sempre eu, assente sobre os mesmos pés –
O mesmo sempre, graças ao céu e à terra[4]
E aos meus olhos e ouvidos atentos[5]
E à minha clara simplicidade[6] de alma...

XXX

Se quiserem que eu tenha um misticismo, está bem, tenho-o.
Sou místico, mas só com o corpo.
A minha alma é simples e não pensa.

O meu misticismo é não querer saber.
É viver e não pensar nisso.

Não sei o que é a Natureza: canto-a.
Vivo no cimo dum outeiro
Numa casa caiada e sozinha,
E essa é a minha definição.

XXXI

Se às vezes digo que as flores sorriem
E se eu disser que os rios cantam,
Não é porque eu julgue que há sorrisos nas flores
E cantos no correr dos rios...

É porque assim faço mais sentir aos homens falsos
A existência verdadeiramente real[1] das flores e dos rios.

Porque escrevo para eles me lerem sacrifico-me às vezes
À sua estupidez de sentidos...
Não concordo comigo mas absolvo-me
Porque não me aceito a sério,
Porque só sou essa cousa odiosa, um intérprete da Natureza,
Porque há homens que não percebem a sua linguagem,
Por ela não ser linguagem nenhuma...

XXXII

Ontem à tarde um homem das cidades
Falava à porta da estalagem.
Falava comigo também.
Falava da justiça e da luta para haver justiça
E dos operários que sofrem,
E do trabalho constante, e dos que têm fome,
E dos ricos, que só têm costas para isso.

E, olhando para mim, viu-me lágrimas nos olhos
E sorriu com agrado, julgando que eu sentia
O ódio que ele sentia, e a compaixão
Que ele dizia que sentia.

(Mas eu mal o estava ouvindo.
Que me importam a mim os homens
E o que sofrem ou supõem que sofrem?
Sejam como eu – não sofrerão.
Todo o mal do mundo vem de nos importarmos uns com os outros,
Quer para fazer bem, quer para fazer mal.
A nossa alma e o céu e a terra bastam-nos.
Querer mais é perder isto, e ser infeliz.)

Eu no que estava pensando
Quando o amigo de gente falava
(E isso me comoveu até às lágrimas),
Era em como o murmúrio longínquo dos chocalhos
A esse entardecer
Não parecia os sinos duma capela pequenina
A que fossem à missa as flores e os regatos
E as almas simples como a minha.

(Louvado seja Deus que não sou bom,
E tenho o egoísmo natural das flores
E dos rios que seguem o seu caminho
Preocupados sem o saber
Só com florir e ir correndo.
É essa a única missão no mundo,
Essa – existir claramente,
E saber fazê-lo sem pensar nisso.)

E o homem calara-se, olhando o poente.
Mas que tem com o poente quem odeia e ama?

XXXIII

Pobres das flores nos canteiros dos jardins regulares.
Parecem ter medo da polícia...
Mas tão boas[1] que florescem do mesmo modo
E têm o mesmo sorriso[2] antigo
Que tiveram à solta para o primeiro olhar do primeiro homem
Que as viu aparecidas e lhes tocou levemente
Para ver se elas falavam...[3]

XXXIV

Acho tão natural que não se pense
Que me ponho a rir às vezes, sozinho,
Não sei bem de quê, mas é de qualquer cousa
Que tem que ver com haver gente que pensa...

Que pensará o meu muro da minha sombra?
Pergunto-me às vezes isto até dar por mim
A perguntar-me cousas...
E então desagrado-me, e incomodo-me
Como se desse por mim com um pé dormente...

Que pensará isto de aquilo?
Nada pensa nada.
Terá a terra consciência das pedras e plantas que tem?
Se ela a tiver, que a tenha...
Que me importa isso a mim?[1]
Se eu pensasse nessas cousas,
Deixava de ver as árvores e as plantas
E deixava de ver a Terra,
Para ver só os meus pensamentos...
Entristecia e ficava às escuras.
E assim, sem pensar, tenho a Terra e o Céu.

XXXV

O luar através dos altos ramos,
Dizem os poetas todos que ele é mais
Que o luar através dos altos ramos.

Mas para mim, que não sei o que penso,
O que o luar através dos altos ramos
É, além de ser
O luar através dos altos ramos,
É não ser mais
Que o luar através dos altos ramos.

XXXVI

E há poetas que são artistas
E trabalham nos seus versos
Como um carpinteiro nas tábuas!...

Que triste não saber florir!
Ter que pôr verso sobre verso, como quem constrói um muro
E ver se está bem, e tirar se não está!...

Quando a única casa artística[1] é a Terra toda
Que varia e está sempre boa e é sempre a mesma.

Penso nisto, não como quem pensa, mas como quem não pensa,
E olho para as flores e sorrio...
Não sei se elas me compreendem
Nem se eu as compreendo a elas,
Mas sei que a verdade está nelas e em mim
E na nossa comum divindade
De nos deixarmos ir e viver pela Terra
E levar ao colo pelas Estações contentes
E deixar que o vento cante para adormecermos,
E não termos sonhos[2] no nosso sono.

XXXVII

Como um grande borrão de fogo sujo
O sol-posto demora-se nas nuvens que ficam.
Vem um silvo vago de longe na tarde muito calma.
Deve ser dum comboio longínquo.

Neste momento vem-me uma vaga saudade
E um vago desejo plácido
Que aparece e desaparece.

Também às vezes, à flor dos ribeiros,
Formam-se bolhas na água
Que nascem e se desmancham
E não têm sentido nenhum
Salvo serem bolhas de água
Que nascem e se desmancham.

XXXVIII

Bendito seja o mesmo sol de outras terras
Que faz meus irmãos todos os homens,
Porque todos os homens, um momento no dia, o olham como eu,
E nesse puro[1] momento
Todo limpo e sensível
Regressam lacrimosamente[2]
E com um suspiro que mal sentem
Ao Homem verdadeiro e primitivo
Que via o sol nascer e ainda o não adorava.
Porque isso é natural – mais natural
Que adorar o sol[3] e depois Deus
E depois tudo o mais que não há.

XXXIX

O mistério das cousas, onde está ele?
Onde está ele que não aparece
Pelo menos a mostrar-nos que é mistério?
Que sabe o rio disso e que sabe a árvore?
E eu, que não sou mais do que eles, que sei disso?
Sempre que olho para as cousas e penso no que os homens
                                                   [pensam delas,
Rio como um regato que soa fresco numa pedra.

Porque o único sentido oculto das cousas
É elas não terem sentido oculto nenhum.
É mais estranho do que todas as estranhezas
E do que os sonhos de todos os poetas
E os pensamentos de todos os filósofos,
Que as cousas sejam realmente o que parecem ser
E não haja nada que compreender.

Sim, eis o que os meus sentidos aprenderam sozinhos: –
As cousas não têm significação: têm existência.
As cousas são o único sentido oculto das cousas.

XL

Passa uma borboleta por diante de mim
E pela primeira vez no universo eu reparo
Que as borboletas não têm cor nem movimento,
Assim como as flores não têm perfume nem cor.
A cor é que tem cor nas asas da borboleta,
No movimento da borboleta o movimento é que se move,
O perfume é que tem perfume no perfume da flor.
A borboleta é apenas borboleta
E a flor é apenas flor.

XLI

No entardecer dos dias de Verão, às vezes,
Ainda que não haja brisa nenhuma, parece
Que passa, um momento, uma leve brisa...
Mas as árvores permanecem imóveis
Em todas as folhas[1] das suas folhas
E os nossos sentidos tiveram uma ilusão,
Tiveram a ilusão do que lhes agradaria...

Ah, os nossos sentidos, os doentes que veem e ouvem!
Fôssemos nós como devíamos ser
E não haveria em nós necessidade de ilusão...
Bastar-nos-ia sentir com clareza e vida
E nem repararmos para que há sentidos...

Mas graças a Deus que há imperfeição no mundo
Porque a imperfeição é uma cousa,
E haver gente que erra é original,[2]
E haver gente doente torna o mundo engraçado.[3]
Se não houvesse imperfeição, havia uma cousa a menos,
E deve haver muita cousa
Para termos muito que ver e ouvir
(Enquanto os olhos e ouvidos se não fecham)...

XLII

Passou a diligência pela estrada, e foi-se;
E a estrada não ficou mais bela, nem sequer mais feia.
Assim é a ação humana pelo mundo fora.
Nada tiramos e nada pomos; passamos e esquecemos;
E o sol é sempre pontual todos os dias.

XLIII

Antes o voo da ave, que passa e não deixa rasto,
Que a passagem do animal, que fica lembrada no chão.
A ave passa e esquece, e assim deve ser.
O animal, onde já não está e por isso de nada serve,
Mostra que já esteve, o que não serve para nada.

A recordação é uma traição à Natureza,
Porque a Natureza de ontem não é Natureza.
O que foi não é nada, e lembrar é não ver.

Passa, ave, passa, e ensina-me a passar!

XLIV

Acordo de noite subitamente,
E o meu relógio ocupa a noite toda.
Não sinto a Natureza lá fora.
O meu quarto é uma cousa escura com paredes vagamente
[brancas.
Lá fora há um sossego como se nada existisse.
Só o relógio prossegue o seu ruído.
E esta pequena cousa de engrenagens que está em cima da minha
[mesa
Abafa toda a existência da terra e do céu...
Quase que me perco a pensar o que isto significa,
Mas estaco,[1] e sinto-me sorrir na noite com os[2] cantos da boca,
Porque a única cousa que o meu relógio simboliza ou significa
Enchendo com a sua pequenez a noite enorme
É a curiosa sensação de encher a noite enorme
Com a sua pequenez...[3]

XLV

Um renque de árvores lá longe, lá para a encosta.
Mas o que é um renque de árvores? Há árvores apenas.
Renque e o plural árvores não são cousas, são nomes.

Tristes das almas humanas, que põem tudo em ordem,
Que traçam linhas de cousa a cousa,
Que põem letreiros com nomes nas árvores absolutamente reais,
E desenham paralelos de latitude e longitude
Sobre a própria terra inocente e mais verde e florida do que isso!

XLVI

Deste modo ou daquele modo,
Conforme calha ou não calha,
Podendo às vezes dizer o que penso,
E outras vezes dizendo-o mal e com misturas,
Vou escrevendo os meus versos sem querer,
Como se escrever não fosse uma cousa feita de gestos,
Como se escrever fosse uma cousa que me acontecesse
Como dar-me o sol de fora.

Procuro dizer o que sinto
Sem pensar em que o sinto.
Procuro encostar as palavras à ideia
E não precisar dum corredor
Do pensamento para as palavras.

Nem sempre consigo sentir o que sei que devo sentir.
O meu pensamento só muito devagar atravessa o rio a nado
Porque lhe pesa o fato que os homens o fizeram usar.

Procuro despir-me do que aprendi,
Procuro esquecer-me do modo de lembrar que me ensinaram,
E raspar a tinta com que me pintaram os sentidos,
Desencaixotar as minhas emoções verdadeiras,
Desembrulhar-me e ser eu, não Alberto Caeiro,
Mas um animal humano que a Natureza produziu.

E assim escrevo, querendo sentir a Natureza, nem sequer como
[um homem,
Mas como quem sente a Natureza, e mais nada.
E assim escrevo, ora bem, ora mal,
Ora acertando com o que quero dizer, ora errando,
Caindo aqui, levantando-me acolá,
Mas indo sempre no meu caminho como um cego teimoso.

Ainda assim, sou alguém.
Sou o Descobridor da Natureza.
Sou o Argonauta das sensações verdadeiras.
Trago ao Universo um novo Universo
Porque trago ao Universo ele próprio.

Isto sinto e isto escrevo
Perfeitamente sabedor e sem que não veja
Que são cinco horas do amanhecer
E que o sol, que ainda não mostrou a cabeça
Por cima do muro do horizonte,
Ainda assim já se lhe veem as pontas dos dedos
Agarrando o cimo do muro
Do horizonte cheio de montes baixos.

XLVII

Num dia excessivamente nítido,
Dia em que dava a vontade de ter trabalhado muito
Para nele não trabalhar nada,
Entrevi, como uma estrada por entre as árvores,
O que talvez seja o Grande Segredo,
Aquele Grande Mistério de que os poetas falsos falam.

Vi que não há Natureza,
Que Natureza não existe,
Que há montes, vales, planícies,
Que há árvores, flores, ervas,
Que há rios e pedras,
Mas que não há um todo a que isso pertença,
Que um conjunto real e verdadeiro
É uma doença das nossas ideias.

A Natureza é partes sem um todo.
Isto é talvez o tal mistério de que falam.

Foi isto o que sem pensar nem parar,
Acertei que devia ser a verdade
Que todos andam a achar e que não acham,
E que só eu, porque a não fui achar, achei.

XLVIII

Da mais alta janela da minha casa
Com um lenço branco digo adeus
Aos meus versos que partem para a humanidade.

E não estou alegre nem triste.
Esse é o destino dos versos.
Escrevi-os e devo mostrá-los a todos
Porque não posso fazer o contrário
Como a flor não pode esconder a cor,
Nem o rio esconder que corre,
Nem a árvore esconder que dá fruto.

Ei-los que vão já longe como que na diligência
E eu sem querer sinto pena
Como uma dor no corpo.

Quem sabe quem os lerá?
Quem sabe a que mãos irão?

Flor, colheu-me o meu destino para os olhos.
Árvore, arrancaram-me os frutos para as bocas.
Rio, o destino da minha água era não ficar em mim.
Submeto-me e sinto-me quase alegre,
Quase alegre como quem se cansa de estar triste.
Ide, ide de mim!
Passa a árvore e fica dispersa pela Natureza.
Murcha a flor e o seu pó dura sempre.
Corre o rio e entra no mar e a sua água é sempre a que foi sua.

Passo e fico, como o Universo.

XLIX

Meto-me para dentro, e fecho a janela.
Trazem o candeeiro e dão as boas-noites,
E a minha voz contente dá as boas-noites.
Oxalá a minha vida seja sempre isto:
O dia cheio de sol, ou suave de chuva,
Ou tempestuoso como se acabasse o mundo,
A tarde suave e os ranchos que passam
Fitados com interesse da janela,
O último olhar amigo dado ao sossego das árvores,
E depois, fechada a janela, o candeeiro aceso,
Sem ler nada, nem pensar em nada, nem dormir,
Sentir a vida correr por mim como um rio por seu leito,
E lá fora um grande silêncio como um deus que dorme.

"67-56"

"87-88"

Signature: "A. Caeiro"

O PASTOR AMOROSO

I

Quando eu não te tinha
Amava a Natureza como um monge calmo a Cristo...
Agora amo a Natureza
Como um monge calmo à Virgem Maria,
Religiosamente, a meu modo, como dantes,
Mas de outra maneira mais comovida e próxima.
Vejo melhor os rios quando vou contigo
Pelos campos até à beira dos rios;
Sentado a teu lado reparando nas nuvens
Reparo nelas melhor...
Tu não me tiraste a Natureza...
Tu não me mudaste a Natureza...
Trouxeste-me a Natureza para ao pé de mim.
Por tu existires vejo-a melhor, mas a mesma,
Por tu me amares, amo-a do mesmo modo, mas mais,
Por tu me escolheres para te ter e te amar,
Os meus olhos fitaram-na mais demoradamente
Sobre todas as cousas.

Não me arrependo do que fui outrora
Porque ainda o sou.
Só me arrependo de outrora te não ter amado.

II

Está alta no céu a lua e é primavera.[1]
Penso em ti e dentro de mim estou completo.

Corre pelos vagos campos até mim uma brisa ligeira.
Penso em ti, murmuro o teu nome;[2] não sou eu: sou feliz.

Amanhã virás, andarás comigo a colher flores pelos campos,
E eu andarei contigo pelos campos a ver-te colher flores.

Eu já te vejo amanhã a colher flores comigo pelos campos,
Mas quando vieres amanhã e andares comigo realmente a colher
[flores,
Isso será uma alegria e uma novidade para mim.

III

Agora que sinto amor
Tenho interesse nos perfumes.[1]
Nunca antes me interessou que uma flor tivesse cheiro.
Agora sinto o perfume das flores como se visse[2] uma coisa[3] nova.
Sei bem que elas cheiravam, como sei que existia.
São coisas que se sabem por fora.[4]
Mas agora sei com a respiração da parte de trás da cabeça.
Hoje as flores sabem-me bem num paladar que se cheira.
Hoje às vezes acordo e cheiro antes de ver.

IV

Todos os dias agora acordo com alegria e pena.
Antigamente acordava sem sensação nenhuma; acordava.
Tenho alegria e pena porque perco o que sonho
E posso estar na realidade onde está o que sonho.
Não sei o que hei de fazer das minhas sensações,
Não sei o que hei de ser comigo.[1]
Quero que ela me diga qualquer coisa para eu acordar de novo.

Quem ama é diferente de quem é.[2]
É a mesma pessoa sem ninguém.

V

O amor é uma companhia.
Já não sei andar só pelos caminhos,
Porque já não posso andar só.
Um pensamento visível faz-me andar mais depressa
E ver menos, e ao mesmo tempo gostar bem de ir vendo tudo.
Mesmo a ausência dela é uma coisa que está comigo.
E eu gosto tanto dela que não sei como a desejar.
Se a não vejo, imagino-a e sou forte como as árvores altas.
Mas se a vejo tremo, não sei o que é feito do que sinto na ausência
                                                             [dela.
Todo eu sou qualquer força que me abandona.
Toda a realidade olha para mim como um girassol com a cara
                                                             [dela no meio.

VI

Passei toda a noite, sem saber dormir, vendo sem espaço[1] a figura
[dela
E vendo-a sempre de maneiras diferentes do que a encontro a ela.
Faço pensamentos com a recordação do que ela é quando me fala,
E em cada pensamento ela varia de acordo com a sua semelhança.
Amar é pensar.
E eu quase que me esqueço de sentir só de pensar nela.
Não sei bem o que quero, mesmo dela, e eu não penso senão
[nela.
Tenho uma grande distração animada.
Quando desejo encontrá-la,
Quase que prefiro não a encontrar,
Para não ter que a deixar depois.
E prefiro pensar dela, porque dela como é tenho qualquer medo.
Não sei bem o que quero, nem quero saber o que quero.
Quero só pensar ela.[2]
Não peço nada a ninguém, nem a ela, senão pensar.

VII

Talvez quem vê bem não sirva para sentir
E não agrade por estar muito antes das maneiras.
É preciso ter modos para todas as cousas,
E cada cousa tem o seu modo, e o amor também.
Quem tem o modo de ver os campos pelas ervas
Não deve ter a cegueira que faz fazer sentir.
Amei, e não fui amado, o que só vi no fim,
Porque não se é amado como se nasce mas como acontece.
Ela continua tão bonita de cabelo e boca como dantes,
E eu continuo como era dantes, sozinho no campo.
Como se tivesse estado de cabeça baixa,
Penso isto, e fico de cabeça alta
E o sol seca[1] as lágrimas[2] que não posso deixar de ter.
Como o campo é grande e o amor pequeno![3]
Olho, e esqueço, como o mundo enterra e as árvores se despem.[4]

Eu não sei falar porque estou a sentir.
Estou a escutar a minha voz como se fosse de outra pessoa,
E a minha voz fala dela como se ela é que falasse.
Tem o cabelo de um louro amarelo de trigo ao sol claro,
E a boca quando fala diz cousas que não há nas palavras.
Sorri, e os dentes são limpos como pedras do rio.

VIII

O pastor amoroso perdeu o cajado,
E as ovelhas tresmalharam-se pela encosta,
E, de tanto pensar, nem tocou a flauta que trouxe para tocar.
Ninguém lhe apareceu ou desapareceu... Nunca mais encontrou
[o cajado.
Outros, praguejando contra ele, recolheram-lhe as ovelhas.
Ninguém o tinha amado, afinal.
Quando se ergueu da encosta e da verdade falsa, viu tudo:
Os grandes vales cheios dos mesmos vários verdes de sempre,
As grandes montanhas longe, mais reais que qualquer
[sentimento,
A realidade toda, com o céu e o ar e os campos que existem,[1]
E sentiu que de novo o ar lhe abria, mas com dor, uma liberdade
[no peito.[2]

Poemas Inconjuntos
Cx 197

p. 74

Entre o que vejo de um campo e o que vejo
              d'outro campo
Passa um momento uma figura de homem.
Os seus passos vão com elle na mesma realidade
Mas eu reparo para elle e para elles, e
              são duas cousas:
O homem vae com as suas ideias, falso e alheio,
E os passos vão como systema antigo que faz as pernas
              andar.

Olho-o de longe sem opinião nenhuma.

— que elle
Um perfeito que é nada descobrir em tal
                        no seu corpo —
A sua verdadeira realidade que não tem ...
                    ... opinião,
... e a maneira certa e impessoal
                    de ... ...

POEMAS
INCONJUNTOS

Para além da curva da estrada

Talvez haja um poço, e talvez um castelo,
E talvez apenas a continuação da estrada.
Não sei nem pergunto.
Enquanto vou na estrada antes da curva
Só olho para a estrada antes da curva,
Porque não posso ver senão a estrada antes da curva.
De nada me serviria estar olhando para outro lado
E para aquilo que não vejo.
Importemo-nos apenas com o lugar onde estamos.
Há beleza bastante em estar aqui e não noutra parte qualquer.
Se há alguém para além da curva da estrada,
Esses que se preocupem com o que há para além da curva da
                                                [estrada.
Essa é que é a estrada para eles.
Se nós tivermos que chegar lá, quando lá chegarmos saberemos.
Por ora só sabemos que lá não estamos.
Aqui há só a estrada antes da curva, e antes da curva
Há a estrada sem curva nenhuma.

Passar a limpo a Matéria
Repor no seu lugar as cousas que os homens desarrumaram
Por não perceberem para que serviam[1]
Endireitar, como uma boa dona de casa da Realidade,
As cortinas nas janelas da Sensação[2]
E os capachos às portas da Percepção
Varrer os quartos da observação
E limpar o pó das ideias simples...
Eis a minha vida, verso a verso.

O que vale a minha vida? No fim (não sei que fim)
Um diz: ganhei trezentos contos,
Outro diz: tive três mil dias de glória,
Outro diz: estive bem com a minha consciência e isso é bastante...
E eu, se lá aparecerem e me perguntarem o que fiz,
Direi: olhei para as cousas e mais nada.
E por isso trago aqui o Universo dentro da algibeira.
E se Deus me perguntar: e o que viste tu nas cousas?
Respondo: apenas as cousas... Tu não puseste lá mais nada.
E Deus, que é da mesma opinião,¹ fará de mim uma nova espécie
                                                            [de santo.

A espantosa realidade das coisas
É a minha descoberta de todos os dias.
Cada coisa é o que é,
E é difícil explicar a alguém quanto isso me alegra,
E quanto isso me basta.

Basta existir para se ser completo.

Tenho escrito bastantes poemas.
Hei de escrever muitos mais, naturalmente.
Cada poema meu diz isto,
E todos os meus poemas são diferentes,
Porque cada coisa que há é uma maneira de dizer isto.

Às vezes ponho-me a olhar para uma pedra.
Não me ponho a pensar se ela sente.
Não me perco a chamar-lhe minha irmã.
Mas gosto dela por ela ser uma pedra,
Gosto dela porque ela não sente nada,
Gosto dela porque ela não tem parentesco nenhum comigo.

Outras vezes oiço passar o vento,
E acho que só para ouvir passar o vento vale a pena ter nascido.

Eu não sei o que é que os outros pensarão lendo isto;
Mas acho que isto deve estar bem porque o penso sem esforço
Nem ideia de outras pessoas a ouvir-me pensar;
Porque o penso sem pensamentos,
Porque o digo como as minhas palavras o dizem.

Uma vez chamaram-me poeta materialista,
E eu admirei-me, porque não julgava
Que se me pudesse chamar qualquer coisa.
Eu nem sequer sou poeta: vejo.
Se o que escrevo tem valor, não sou eu que o tenho:
O valor está ali, nos meus versos.
Tudo isso é absolutamente independente da minha vontade.

Quando tornar a vir a primavera
Talvez já não me encontre no mundo.
Gostava agora de poder julgar que a primavera é gente
Para poder supor que ela choraria,
Vendo que perdera o seu único amigo.
Mas a primavera nem sequer é uma coisa:
É uma maneira de dizer.
Nem mesmo as flores tornam, ou as folhas verdes.
Há novas flores, novas folhas verdes.
Há outros dias suaves.
Nada torna, nada se repete, porque tudo é real.

Se eu morrer novo,
Sem poder publicar livro nenhum,
Sem ver a cara que têm os meus versos em letra impressa,
Peço que, se se quiserem ralar por minha causa,
Que não se ralem.
Se assim aconteceu, assim está certo.

Mesmo que os meus versos nunca sejam impressos,
Eles lá terão a sua beleza, se forem belos.
Mas eles não podem ser belos e ficar por imprimir,
Porque as raízes podem estar debaixo da terra
Mas as flores florescem ao ar livre e à vista.
Tem que ser assim por força. Nada o pode impedir.

Se eu morrer muito novo, oiçam isto:
Nunca fui senão uma criança que brincava.
Fui gentio como o sol e a água,
De uma religião universal que só os homens não têm.
Fui feliz porque não pedi coisa nenhuma,
Nem procurei achar nada,
Nem achei que houvesse mais explicação
Que a palavra explicação não ter sentido nenhum.

Não desejei senão estar ao sol ou à chuva –
Ao sol quando havia sol
E à chuva quando estava chovendo
(E nunca a outra coisa),
Sentir calor e frio e vento,
E não ir mais longe.

Uma vez amei, julguei que me amariam,
Mas não fui amado.
Não fui amado pela única grande razão –
Porque não tinha que ser.

Consolei-me voltando ao sol e à chuva,
E sentando-me outra vez à porta de casa.
Os campos, afinal, não são tão verdes para os que são amados
Como para os que o não são.
Sentir é estar distraído.

Quando vier a primavera,
Se eu já estiver morto,
As flores florirão da mesma maneira
E as árvores não serão menos verdes que na primavera passada.
A realidade não precisa de mim.

Sinto uma alegria enorme
Ao pensar que a minha morte não tem importância nenhuma.

Se soubesse que amanhã morria
E a primavera era depois de amanhã,
Morreria contente, porque ela era depois de amanhã.
Se esse é o seu tempo, quando havia ela de vir senão no seu
                                                        [tempo?
Gosto que tudo seja real e que tudo esteja certo;
E gosto porque assim seria, mesmo que eu não gostasse.
Por isso, se morrer agora, morro contente,
Porque tudo é real e tudo está certo.

Podem rezar latim sobre o meu caixão, se quiserem.
Se quiserem, podem dançar e cantar à roda dele.
Não tenho preferências para quando já não puder ter preferências.
O que for, quando for, é que será o que é.

Se, depois de eu morrer, quiserem escrever a minha biografia,
Não há nada mais simples.
Tem só duas datas – a da minha nascença e a da minha morte.
Entre uma e outra cousa todos os dias são meus.

Sou fácil de definir.
Vi como um danado.
Amei as coisas sem sentimentalidade nenhuma.
Nunca tive um desejo que não pudesse realizar, porque nunca
[ceguei.
Mesmo ouvir nunca foi para mim senão um acompanhamento
[de ver.
Compreendi que as coisas são reais e todas diferentes umas das
[outras;
Compreendi isto com os olhos, nunca com o pensamento.
Compreender isto com o pensamento seria achá-las todas iguais.

Um dia deu-me o sono como a qualquer criança.
Fechei os olhos e dormi.
Além disso, fui o único poeta da Natureza.

Nunca sei como é que se pode achar um poente triste.
Só se é por um poente não ser uma madrugada.
Mas se ele é um poente, como é que ele havia de ser uma
[madrugada?

Um dia de chuva é tão belo como um dia de sol.
Ambos existem, cada um como é.

Quando a erva crescer em cima da minha sepultura,
Seja esse o sinal para me esquecerem de todo.
A Natureza nunca se recorda, e por isso é bela.
E se tiverem a necessidade doentia[1] de "interpretar" a erva verde
                                            [sobre a minha sepultura,
Digam que eu continuo a verdecer e a ser natural.

É noite. A noite é muito escura. Numa casa a uma grande
                                              [**distância**
Brilha a luz duma janela.
Vejo-a, e sinto-me humano dos pés à cabeça.
É curioso que toda a vida do indivíduo que ali mora, e que não
                                              [sei quem é,
Atrai-me só por essa luz vista de longe.
Sem dúvida que a vida dele é real e ele tem cara, gestos, família
                                              [e profissão.
Mas agora só me importa a luz da janela dele.
Apesar de a luz estar ali por ele a ter acendido,
A luz é a realidade imediata para[1] mim.
Eu nunca passo para além da realidade imediata.
Para além da realidade imediata não há nada.
Se eu, de onde estou, só vejo aquela luz,
Em relação à distância onde estou há só aquela luz.
O homem e a família dele são reais do lado de lá da janela.
Eu estou do lado de cá, a uma grande distância.
A luz apagou-se.
Que me importa que o homem continue a existir?
É só ele que continua a existir.

Falas de civilização, e de não dever ser,
Ou de não dever ser assim.
Dizes que todos sofrem, ou a maioria de todos,
Com as cousas humanas postas desta maneira.
Dizes que se fossem diferentes, sofreriam menos.
Dizes que se fossem como tu queres, seria melhor.
Escuto sem te ouvir.
Para quê te quereria eu ouvir?
Ouvindo-te nada ficaria sabendo.
Se as cousas fossem diferentes, seriam diferentes: eis tudo.
Se as cousas fossem como tu queres, seriam só como tu queres.
Ai de ti e de todos que levam a vida
A querer inventar a máquina de fazer felicidade!

Todas as teorias, todos os poemas
Duram mais que esta flor,
Mas isso é como o nevoeiro, que é desagradável e úmido,
E mais que esta flor...
O tamanho ou duração não têm importância nenhuma...
São apenas tamanho e duração...
O que importa é aquilo que dura e tem dimensão[1]
(Se verdadeira dimensão é a realidade)...
Ser real é a cousa mais[2] nobre do mundo.

Medo da morte?
Acordarei de outra maneira,
Talvez corpo, talvez continuidade, talvez renovado,
Mas acordarei.
Se até os átomos não dormem, por que hei de ser eu só a dormir?

Então os meus versos têm sentido e o universo não há de ter
[sentido?
Em que geometria é que a parte excede o todo?
Em que biologia é que o volume dos órgãos
Tem mais vida que o corpo?

Leram-me hoje S. Francisco de Assis.
Leram-me e pasmei.
Como é que um homem que gostava tanto das cousas
Nunca olhava para elas, não sabia o que elas eram?

Para que hei de eu chamar minha irmã à água, se ela não é minha
[irmã?
Para a sentir melhor?
Sinto-a melhor bebendo-a do que chamando-lhe qualquer
[cousa –
Irmã, ou mãe, ou filha.
A água é a água e é bela por isso.
Se eu lhe chamar minha irmã,
Ao chamar-lhe minha irmã, vejo que o não é
E que se ela é a água o melhor é chamar-lhe água;
Ou, melhor ainda, não lhe chamar cousa nenhuma,
Mas bebê-la, senti-la nos pulsos, olhar para ela
E tudo isto sem nome nenhum.

Sempre que penso uma cousa, traio-a.
Só tendo-a diante de mim devo pensar nela,
Não pensando, mas vendo,
Não com o pensamento, mas com os olhos.
Uma cousa que é visível existe para se ver,
E o que existe para os olhos não tem que existir para o
[pensamento;
Só existe diretamente para os olhos e não para o pensamento.

Olho, e as cousas existem.
Penso e existo só eu.

Eu queria ter o tempo e o sossego suficientes
Para não pensar em cousa nenhuma,
Para nem me sentir viver,
Para só saber de mim nos olhos dos outros, refletido.

A manhã raia. Não: a manhã não raia.
A manhã é uma cousa abstrata, está, não é uma cousa.
Começamos a ver o sol, a esta hora, aqui.
Se o sol matutino dando nas árvores é belo,
É tão belo se chamarmos à manhã "começarmos a ver o sol"
Como o é se lhe chamarmos a manhã;
Por isso não há vantagem em pôr nomes errados às cousas,
Nem mesmo em lhes pôr nomes alguns.

A criança que pensa em fadas e acredita nas fadas
Age como um deus doente, mas como um deus.
Porque embora afirme que existe o que não existe,
Sabe como é que as cousas existem, que é por existirem,[1]
Sabe que existir existe e não se explica,
Sabe que não há razão nenhuma para nada existir,
Sabe que ser é estar em um ponto.
Só não sabe que o pensamento não é um ponto qualquer.

De longe vejo passar no rio um navio...
Vai Tejo abaixo indiferentemente.
Mas não é indiferentemente por não se importar comigo
E eu não exprimir desolação com isto...
É indiferentemente por não ter sentido nenhum
Exterior ao fato isoladamente navio
De ir rio abaixo sem licença da metafísica...
Rio abaixo até à realidade do mar.

Creio que irei morrer.
Mas o sentido de morrer não me ocorre,
Lembra-me que morrer não deve ter sentido.
Isto de viver e morrer são classificações como as das plantas.
Que folhas ou que flores tem uma classificação?
Que vida tem a vida ou que morte a morte?
Tudo são termos onde se define.
A única definição é um contorno,
Uma paragem, uma cor que destinge, uma □

No dia brancamente nublado entristeço quase a medo
E ponho-me a meditar nos problemas que finjo...

Se o homem fosse, como deveria ser,
Não um animal doente, mas o mais perfeito dos animais,
Animal direto e não indireto,
Devia ser outra a sua forma de encontrar um sentido às cousas,
Outra e verdadeira.
Devíamos haver adquirido um *sentido* do "conjunto";
Um sentido, como ver e ouvir, do "total" das cousas
E não, como temos, um *pensamento* do "conjunto",
E não, como temos, uma *ideia* do "total" das cousas.
E assim – veríamos – não teríamos noção de *conjunto* ou de *total*,
Porque o *sentido* de "total" ou de "conjunto" não seria de um
                              ["total" ou de um "conjunto"
Mas da verdadeira Natureza talvez nem todo nem partes.

O único mistério do Universo é o mais e não o menos.
Percebemos demais as cousas – eis o erro e a dúvida.
O que existe transcende para baixo o que julgamos que existe.
A Realidade é apenas real e não pensada.

O Universo não é uma ideia minha.
A minha ideia do Universo é que é uma ideia minha.
A noite não anoitece pelos meus olhos.
A minha ideia da noite é que anoitece por meus olhos.
Fora de eu pensar e de haver quaisquer pensamentos
A noite anoitece concretamente
E o fulgor das estrelas existe como se tivesse peso.

Assim como falham as palavras quando queremos exprimir
                                          [qualquer pensamento,
Assim faltam os pensamentos quando queremos pensar qualquer
                                                    [realidade.
Mas, como a essência do pensamento não é ser dito mas ser
                                                        [pensado,
Assim é a essência da realidade o existir, não o ser pensada.
Assim tudo o que existe, simplesmente existe.
O resto é uma espécie de sono que temos,
Uma velhice que nos acompanha desde a infância da doença.

O espelho reflete certo; não erra porque não pensa.
Pensar é essencialmente errar.
Errar é essencialmente estar cego e surdo.

Estas verdades não são perfeitas porque são ditas,
E antes de ditas, pensadas:
Mas no fundo o que está certo é elas negarem-se a si próprias
Na negação afirmativa de afirmarem qualquer cousa.
A única afirmação é ser.
E só o afirmativo é o que não precisa de mim.

A noite desce, o calor soçobra um pouco.
Estou lúcido como se nunca tivesse pensado
E tivesse raiz, ligação direta com a terra,
Não esta espúria ligação do sentido secundário chamado a vista,
A vista por onde me separo das cousas,
E me aproximo das estrelas e das cousas distantes –
Erro: porque o distante não é o próximo,
E aproximá-lo é enganar-se.

Estou doente. Meus pensamentos começam a estar confusos.
Mas o meu corpo, tocando nas cousas, entra nelas.
Sinto-me parte das cousas com o tato
E uma grande libertação começa a fazer-se em mim,
Uma grande alegria solene como a de um ato heroico
Passado a sós no gesto sóbrio e escondido.

**Quando está frio no tempo do frio, para mim é como se estivesse
[agradável,**
Porque para o meu ser adequado à existência das cousas
O natural é o agradável só por ser natural.

Aceito as dificuldades da vida porque são o destino,
Como aceito o frio excessivo no alto do inverno –
Calmamente, sem me queixar, como quem meramente aceita,
E encontra uma alegria no fato de aceitar –
No fato sublimemente científico e difícil de aceitar o natural
[inevitável.

Que são para mim as doenças que tenho e o mal que me acontece
Senão o inverno da minha pessoa e da minha vida?
O inverno irregular, cujas leis de aparecimento desconheço,
Mas que existe para mim em virtude da mesma fatalidade sublime,
Da mesma inevitável exterioridade a mim,
Que o calor da terra no alto do verão
E o frio da terra no cimo do inverno.

Aceito por personalidade.
Nasci sujeito como os outros a erros e a defeitos,
Mas nunca ao erro de querer compreender demais,
Nunca ao erro de querer compreender só com a inteligência,
Nunca ao defeito de exigir do mundo
Que fosse qualquer cousa que não fosse o mundo.

Seja o que for que esteja no centro do mundo,
Deu-me o mundo exterior por exemplo de Realidade,
E quando digo "isto é real", mesmo de um sentimento,
Vejo-o sem querer em um espaço qualquer exterior,
Vejo-o com uma visão qualquer fora e alheio a mim.

Ser real quer dizer não estar dentro de mim.
Da minha pessoa de dentro não tenho noção de realidade.
Sei que o mundo existe, mas não sei se existo.
Estou mais certo da existência da minha casa branca
Do que da existência interior do dono da casa branca.
Creio mais no meu corpo do que na minha alma,
Porque o meu corpo apresenta-se no meio da realidade,
Podendo ser visto por outros,
Podendo tocar em outros,
Podendo sentar-se e estar de pé,
Mas a minha alma só pode ser definida por termos de fora.
Existe para mim – nos momentos em que julgo que efetivamente
[existe –
Por um empréstimo da realidade exterior do Mundo.

Se a alma é mais real
Que o mundo exterior, como tu, filósofo, dizes,
Para que é que o mundo exterior me foi dado como tipo da
[realidade?
Se é mais certo eu sentir
Do que existir a cousa que sinto –
Para que sinto
E para que surge essa cousa independentemente de mim
Sem precisar de mim para existir,
E eu sempre ligado a mim próprio, sempre pessoal e
[intransmissível?
Para que me movo com os outros
Em um mundo em que nos entendemos e onde coincidimos
Se por acaso esse mundo é o erro e eu é que estou certo?
Se o mundo é um erro, é um erro de toda a gente.

E cada um de nós é o erro de cada um de nós apenas.
Cousa por cousa, o mundo é mais certo.

Mas por que me interrogo, se não porque estou doente?

Nos dias certos, nos dias exteriores da minha vida,
Nos meus dias de perfeita lucidez natural,
Sinto sem sentir que sinto,
Vejo sem saber que vejo,
E nunca o Universo é tão real como então,
Nunca o Universo está (não é perto ou longe de mim,
Mas) tão sublimemente não meu.

Quando digo "é evidente", quero acaso dizer "só eu é que o vejo"?
Quando digo "é verdade", quero acaso dizer "é minha opinião"?
Quando digo "ali está", quero acaso dizer "não está ali"?
E se isto é assim na vida, por que será diferente na filosofia?
Vivemos antes de filosofar, existimos antes de o sabermos,
E o primeiro fato merece ao menos a precedência e o culto.
Sim, antes de sermos interior somos exterior.
Por isso somos exterior essencialmente.

Dizes, filósofo doente, filósofo enfim, que isto é materialismo.
Mas isto como pode ser materialismo, se materialismo é uma
                                                [filosofia,
Se uma filosofia seria, pelo menos sendo minha, uma filosofia
                                                [minha,
E isto nem sequer é meu, nem sequer sou eu?

Pouco me importa.
Pouco me importa o quê? Não sei: pouco[1] me importa.

A guerra, que aflige com os seus esquadrões o mundo,
É o tipo perfeito do erro da filosofia.

A guerra, como tudo humano, quer alterar.
Mas a guerra, mais do que tudo, quer alterar e alterar muito
E alterar depressa.

Mas a guerra inflige a morte.
E a morte é o desprezo do universo por nós.
Tendo por consequência a morte, a guerra prova que é falsa.
Sendo falsa, prova que é falso todo o querer-alterar.

Deixemos o universo exterior e os outros homens onde a Natureza
[os pôs.
Tudo é orgulho e inconsciência.
Tudo é querer mexer-se, fazer cousas, deixar rasto.
Para o coração e o comandante dos esquadrões
Regressa aos bocados ao universo exterior.

A química direta da natureza
Não deixa lugar vago para o pensamento.

A humanidade é uma revolta de escravos.
A humanidade é um governo usurpado pelo povo.
Existe porque usurpou, mas erra porque usurpar é não ter direito.

Deixai existir o mundo exterior e a humanidade natural!
Paz a todas as cousas pré-humanas, mesmo no homem.
Paz à essência inteiramente exterior do Universo!

Todas as opiniões que há sobre a Natureza
Nunca fizeram crescer uma erva ou nascer uma flor.
Toda a sabedoria a respeito das cousas
Nunca foi cousa em que pudesse pegar, como nas cousas.
Se a ciência quer ser verdadeira,
Que ciência mais verdadeira que a das cousas sem ciência?
Fecho os olhos e a terra dura sobre que me deito
Tem uma realidade tão real que até as minhas costas a sentem.
Não preciso de raciocínio onde tenho espáduas.

Navio que partes para longe,
Por que é que, ao contrário dos outros,
Não fico, depois de desapareceres, com saudades de ti?
Porque quando te não vejo, deixaste de existir.
E se se tem saudades do que não existe,
Sente-se em relação a cousa nenhuma;
Não é do navio, é de nós, que sentimos saudades.

Pouco a pouco o campo se alarga e se doura.
A manhã extravia-se pelos irregulares da planície.
Sou alheio ao espetáculo que vejo: vejo-o.
É exterior a mim. Nenhum sentimento me liga a ele,
E é esse o sentimento que me liga à manhã que aparece.

Última estrela a desaparecer antes do dia,
Pouso no teu trêmulo azular branco os meus olhos calmos,
E vejo-te independentemente de mim,
Alegre pela vitória que tenho em poder ver-te
Sem "estado de alma" nenhum, salvo ver-te.
A tua beleza para mim está em existires.
A tua grandeza está em existires inteiramente fora de mim.

A água chia no púcaro que elevo à boca.
"É um som fresco" diz-me quem me dá a bebê-la.
Sorrio. O som é só um som de chiar.
Bebo a água sem ouvir nada na[1] minha garganta.

O que ouviu os meus versos disse-me: que tem isso de novo?
Todos sabem que uma flor é uma flor e uma árvore é uma árvore.
Mas eu respondi: nem todos, ninguém.
Porque todos amam as flores por serem belas, e eu sou diferente.
E todos amam as árvores por serem verdes e darem sombra, mas
[eu não.
Eu amo as flores por serem flores, diretamente.
Eu amo as árvores por serem árvores, sem o meu pensamento.

Ontem o pregador de verdades dele
Falou outra vez comigo.
Falou do sofrimento das classes que trabalham
(Não do das pessoas que sofrem, que é afinal quem sofre).
Falou da injustiça de uns terem dinheiro,
E de outros terem fome, que não sei se é fome de comer,
Ou se é só fome da sobremesa alheia.
Falou de tudo quanto pudesse fazê-lo zangar-se.

Que feliz deve ser quem pode pensar na infelicidade dos outros!
Que estúpido se não sabe que a infelicidade dos outros é deles,
E não se cura de fora,
Porque sofrer não é ter falta de tinta
Ou o caixote não ter aros de ferro!

Haver injustiça é como haver morte.
Eu nunca daria um passo para alterar
Aquilo a que chamam a injustiça do mundo.
Mil passos que desse para isso
Eram só mil passos.
Aceito a injustiça como aceito uma pedra não ser redonda,
E um sobreiro não ter nascido pinheiro ou carvalho.

Cortei a laranja em duas, e as duas partes não podiam ficar iguais.
Para qual fui injusto – eu, que as vou comer a ambas?

O quê? Valho mais que uma flor
Porque ela não sabe que tem cor e eu sei,
Porque ela não sabe que tem perfume e eu sei,
Porque ela não tem consciência de mim e eu tenho consciência
[dela?

Mas o que tem uma coisa com a outra
Para que seja superior ou inferior a ela?
Sim, tenho consciência da planta e ela não a tem de mim.
Mas se a forma da consciência é ter consciência, que há nisso?
A planta, se falasse, podia dizer-me: e o teu perfume?
Podia dizer-me: tu tens consciência porque ter consciência é uma
[qualidade humana
E eu não[1] tenho consciência porque sou flor, não sou homem.
Tenho perfume e tu não tens, porque sou flor...

Mas para quê me comparar com uma flor, se eu sou eu
E a flor é a flor?

Ah, não comparemos coisa nenhuma; olhemos.
Deixemos analogias, metáforas, símiles.
Comparar uma coisa com outra é esquecer essa coisa.
Nenhuma coisa lembra outra se repararmos para ela.
Cada coisa só lembra o que é
E só é o que nada mais é.
Separa-a de todas as outras o fato de que é ela.
Tudo é nada ser outra coisa que não é.[2]

Criança desconhecida e suja brincando à minha porta,
Não te pergunto se me trazes um recado dos símbolos.
Acho-te graça por nunca te ter visto antes,
E naturalmente se pudesses estar limpa eras outra criança,
Nem aqui vinhas.
Brinca na poeira, brinca!
Aprecio a tua presença só com os olhos.
Vale mais a pena ver uma cousa sempre pela primeira vez que
                                               [conhecê-la,
Porque conhecer é como nunca ter visto pela primeira vez,
E nunca ter visto pela primeira vez é só ter ouvido contar.

O modo como esta criança está suja é diferente do modo como as
                                               [outras estão sujas.
Brinca! Pegando numa pedra que te cabe na mão,
Sabes que te cabe na mão.
Qual é a filosofia que chega a uma certeza maior?
Nenhuma, e nenhuma pode vir brincar nunca à minha porta.

Verdade, mentira, certeza, incerteza...
Aquele cego ali na estrada também conhece estas palavras.
Estou sentado num degrau alto e tenho as mãos apertadas
Sobre o mais alto dos joelhos cruzados.
Bem: verdade, mentira, certeza, incerteza o que são?
O cego para na estrada,
Desliguei as mãos de cima do joelho.
Verdade, mentira, certeza, incerteza são as mesmas?
Qualquer cousa mudou numa parte da realidade – os meus
                                        [joelhos e as minhas mãos.
Qual é a ciência que tem conhecimento para isto?
O cego continua o seu caminho e eu não faço mais gestos.
Já não é a mesma hora, nem a mesma gente, nem nada igual.
Ser real é isto.

Uma gargalhada de rapariga soa do ar da estrada.
Riu do que disse quem não vejo.
Lembro-me já que ouvi.
Mas se me falarem agora de uma gargalhada de rapariga da estrada,
Direi: não, os montes, as terras ao sol, o sol, a casa aqui,
E eu que só oiço o ruído calado do sangue que há na minha vida
                                      [dos dois lados da cabeça.

Noite de S. João para além do muro do meu quintal.
Do lado de cá, eu sem noite de S. João.
Porque há S. João onde o festejam.
Para mim há uma sombra de luz de fogueiras na noite,
Um ruído de gargalhadas, os baques dos saltos.
E um grito casual de quem não sabe que eu existo.

Tu, místico, vês uma significação em todas as cousas.
Para ti tudo tem um sentido velado.
Há uma cousa oculta em cada cousa que vês.
O que vês, vê-lo sempre para veres outra cousa.

Para mim, graças a ter olhos só para ver,
Eu vejo ausência de significação em todas as cousas;
Vejo-o e amo-me, porque ser uma cousa é não significar nada.
Ser uma cousa é não ser suscetível de interpretação.

Pastor do monte, tão longe de mim com as tuas ovelhas –
Que felicidade é essa que pareces ter – a tua ou a minha?
A paz que sinto quando te vejo, pertence-me, ou pertence-te?
Não, nem a ti nem a mim, pastor.
Pertence só à felicidade e à paz.
Nem tu a tens, porque não sabes que a tens.
Nem eu a tenho, porque sei que a tenho.
Ela é ela só, e cai sobre nós como o sol,
Que te bate nas costas e te aquece, e tu pensas noutra cousa
                                      [indiferentemente,
E me bate na cara e me ofusca, e eu só penso no sol.

Ah, querem uma luz melhor que a do sol!
Querem prados¹ mais verdes que estes!
Querem flores mais belas que estas que vejo!
A mim este sol, estes prados,² estas flores contentam-me.
Mas, se acaso me descontentam,
O que quero é um sol mais sol que o sol,
O que quero é prados mais prados que estes prados,³
O que quero é flores mais estas flores que estas flores –
Tudo mais ideal do que é do mesmo modo e da mesma maneira!
Aquela cousa que está ali estar mais ali do que ali está!
Sim, choro às vezes o corpo perfeito que não existe.
Mas o corpo perfeito é o corpo mais corpo que pode haver,
E o resto são os sonhos dos homens,
A miopia de quem vê pouco,
E o desejo de estar sentado de quem não sabe estar de pé.
Todo o cristianismo é um sonho de cadeiras.

E como a alma é aquilo que não aparece,
A alma mais perfeita é aquela que não apareça nunca –
A alma que está feita com o corpo
O absoluto corpo das cousas,
A existência absolutamente real sem sombras nem erros,⁴
A coincidência exata⁵ e inteira de uma cousa consigo mesma.

O conto antigo da Gata Borralheira,
O João Ratão e o Barba Azul e os 40 Ladrões,
E depois o Catecismo e a história de Cristo
E depois todos os poetas e todos os filósofos;
E a lenha ardia na lareira quando se contavam contos,
O sol havia lá fora em dias de destino,
E por cima da leitura dos poetas as árvores e as terras...[1]
Só hoje vejo o que é que aconteceu na verdade.
Que a lenha ardida, exatamente porque ardeu,
Que o sol dos dias de destino, porque já não há,
Que as árvores e as terras (para além das páginas dos poetas) ☐ –
Que disto tudo só ficou o que nunca foi:
Porque a recompensa de não existir é estar sempre presente.

Duas horas e meia da madrugada. Acordo, e adormeço.
Houve em mim um momento de vida diferente entre sono e sono.

Se ninguém condecora o sol por dar luz,
Para que condecoram quem é herói?

Durmo com a mesma razão com que acordo
E é no intervalo que existo.

Nesse momento, em que acordei, dei por todo o mundo –
Uma grande noite incluindo tudo
Só para fora.

Pétala dobrada para trás da rosa que outros diriam de veludo,
Apanho-te do chão e, de perto, contemplo-te de longe.

Não há rosas no meu quintal: que vento te trouxe?
Mas chego de longe de repente. Estive doente um momento.
Nenhum vento te trouxe *agora*.
Agora nada te trouxe ainda agora.[1]
O que tu foste não és tu, senão estava[2] aqui.

Entre o que vejo de um campo e o que vejo de outro campo
Passa um momento uma figura de homem.
Os seus passos vão com "ele" na mesma realidade,
Mas eu reparo para ele e para eles, e são duas cousas:
O "homem" vai andando com as suas ideias, falso e estrangeiro,
E os passos vão com o sistema antigo que faz pernas andar.
Olho-o de longe sem opinião nenhuma.
Que perfeito que é nele o que ele é – o seu corpo,
A sua verdadeira realidade que não tem desejos nem esperanças,
Mas músculos e a maneira certa e impessoal de os usar.

Gozo os campos sem reparar para eles.
Perguntas-me por que os gozo.
Porque os gozo, respondo.
Gozar uma flor é estar ao pé dela inconscientemente
E ter uma noção do seu perfume nas nossas ideias mais apagadas.[1]
Quando reparo, não gozo: vejo.
Fecho os olhos, e o meu corpo, que está entre a erva,
Pertence inteiramente ao exterior de quem fecha os olhos –
À dureza fresca da terra cheirosa e irregular;
E alguma coisa dos ruídos indistintos das coisas a existir,
E só uma sombra encarnada de luz me carrega levemente nas
                                                     [órbitas,
E só um resto de vida ouve.[2]

Não tenho pressa. Pressa de quê?
Não têm pressa o sol e a lua: estão certos.
Ter pressa é crer que a gente passa adiante das pernas,
Ou que, dando um pulo, salta por cima da sombra.
Não; não tenho[1] pressa.
Se estendo o braço, chego exatamente onde o meu braço chega –
Nem um centímetro mais longe.
Toco só onde toco, não onde penso.
Só me posso sentar onde estou.
E isto faz rir como todas as verdades absolutamente verdadeiras,
Mas o que faz rir a valer é que nós pensamos sempre noutra cousa,
E somos vadios do nosso corpo.[2]

Sim: existo dentro do meu corpo.
Não trago o sol ou a lua na algibeira.
Não quero conquistar mundos porque dormi mal,
Nem almoçar o mundo[1] por causa do estômago.
Indiferente?
Não: filho[2] da terra, que se der um salto, está em falso,
Um momento no ar que não é para nós,
E só contente quando os pés lhe batem outra vez na terra,
Trás! na realidade que não falta!

Gosto do céu porque não creio que ele seja infinito.
Que pode ter comigo o que não começa nem acaba?
Não creio no infinito, não creio na eternidade.
Creio que o espaço começa algures e algures¹ acaba
E que aquém e além disso há absolutamente nada.
Creio que o tempo teve um princípio e terá um fim,
E que antes e depois disso não havia tempo.
Por que há de ser isto falso? Falso é falar de infinitos
Como se soubéssemos o que são ou os pudéssemos entender.
Não: tudo é uma quantidade de cousas.
Tudo é definido, tudo é limitado, tudo é cousas.

O verde do céu azul antes do sol ir a¹ nascer,
E o azul branco do ocidente onde o brilhar do sol se sumiu.

As cores verdadeiras das coisas que os olhos veem –
O luar não branco mas cinzento levemente azulado.²

Contenta-me ver com os olhos e não com as páginas lidas.

Como uma criança antes de a ensinarem a ser grande,
Fui verdadeiro e leal ao que vi e ouvi.¹

Não sei o que é conhecer-me. Não vejo para dentro.
Não acredito que eu exista por detrás de mim.

Patriota? Não: só português.
Nasci português como nasci louro e de olhos azuis.
Se nasci para falar, tenho que falar uma língua.

Deito-me ao comprido na erva[1]
E esqueço tudo quanto me ensinaram.
O que me ensinaram nunca me deu mais calor nem mais frio.
O que me disseram que havia nunca me alterou a forma de uma
[coisa.
O que me aprenderam a ver nunca tocou nos meus olhos.
O que me apontaram nunca estava ali: estava ali só o que ali
[estava.

Falaram-me em homens, em humanidade,
Mas eu nunca vi homens nem vi humanidade.
Vi vários homens[1] assombrosamente diferentes entre si,[2]
Cada um separado do outro por um espaço sem homens.

Nunca busquei viver a minha vida.
A minha vida viveu-se sem que eu quisesse ou não quisesse.
Só quis ver como se não tivesse alma.
Só quis ver como se fossem apenas olhos que vissem.

Vive, dizes, no presente;
Vive só no presente.

Mas eu não quero o presente, quero a realidade;
Quero as cousas que existem, não o tempo que as mede.[1]

O que é o presente?
É uma cousa relativa ao passado e ao futuro.
É uma cousa que existe em virtude de outras cousas existirem.
Eu quero só a realidade, as cousas sem presente.

Não quero incluir o tempo no meu esquema.[2]
Não quero pensar nas cousas como presentes; quero pensar nelas
                                          [como cousas.
Não quero separá-las de si próprias,[3] tratando-as por presentes.

Eu nem por reais as devia tratar.
Eu não as devia tratar por nada.

Eu devia vê-las, apenas vê-las;
Vê-las até não poder pensar nelas,
Vê-las sem tempo, nem espaço,[4]
Ver podendo dispensar tudo menos o que se vê.
É esta a ciência de ver, que não é nenhuma.

Dizes-me: tu és mais alguma cousa
Que uma pedra ou uma planta.
Dizes-me: sentes, pensas e sabes
Que pensas e sentes.
Então as pedras escrevem versos?
Então as plantas têm ideias sobre o mundo?

Sim: há diferença.
Mas não é a diferença que encontras;
Porque o ter consciência não me obriga a ter teorias sobre as cousas:
Só me obriga a ser consciente.

Se sou mais que uma pedra ou uma planta? Não sei.
Sou diferente. Não sei o que é mais ou menos.

Ter consciência é mais que ter cor?
Pode ser e pode não ser.
Sei que é diferente apenas.
Ninguém pode provar que é mais que só diferente.

Sei que a pedra é real, e que a planta existe.
Sei isto porque elas existem.
Sei isto porque os meus sentidos mo mostram.
Sei que sou real também.
Sei isto porque os meus sentidos mo mostram,
Embora com menos clareza que me mostram a pedra e a planta.
Não sei mais nada.

Sim, escrevo versos, e a pedra não escreve versos.
Sim, faço ideias sobre o mundo, e a planta nenhumas.
Mas é que as pedras não são poetas, são pedras;
E as plantas são plantas só, e não pensadores.
Tanto posso dizer que sou superior a elas por isto,
Como que sou inferior.
Mas não digo isso: digo da pedra, "é uma pedra",
Digo da planta, "é uma planta",

Digo de mim, "sou eu".
E não digo mais nada. Que mais há a dizer?

Dizem que em cada coisa uma coisa oculta mora.
Sim, é ela própria, a coisa sem ser oculta,
Que mora nela.

Mas eu, com consciência e sensações e pensamentos,
Serei como uma coisa?
Que há a mais ou a menos em mim?
Seria bom e feliz se eu fosse só o meu corpo –
Mas sou também outra coisa, mais ou menos que só isso.
Que coisa a mais ou a menos é que eu sou?

O vento sopra sem saber.
A planta vive sem saber.
Eu também vivo sem saber, mas sei que vivo.
Mas saberei que vivo, ou só saberei que o sei?
Nasço, vivo, morro por um destino em que não mando,
Sinto, penso, movo-me por uma força exterior a mim.
Então quem sou eu?

Sou, corpo e alma, o exterior de um interior qualquer?
Ou a minha alma é a consciência que a força universal
Tem do meu corpo ser diferente[1] dos outros corpos?
No meio de tudo onde estou eu?
Morto o meu corpo,
Desfeito o meu cérebro,
Em consciência abstrata, impessoal, sem forma,
Já não sente o eu que eu tenho,
Já não pensa com o meu cérebro os pensamentos que eu sinto meus,
Já não move pela minha vontade as minhas mãos que eu movo.

Cessarei assim? Não sei.
Se tiver de cessar assim, ter pena de assim cessar
Não me tornará imortal.

Não basta abrir a janela
Para ver os campos e o rio.
Não é bastante não ser cego
Para ver as árvores e as flores.
É preciso também não ter filosofia nenhuma.
Com filosofia não há árvores: há ideias apenas.
Há só cada um de nós, como uma cave.
Há só uma janela fechada, e todo o mundo lá fora;
E um sonho do que se poderia ver se a janela se abrisse,
Que nunca é o que se vê quando se abre a janela.

Ponham na minha sepultura
    Aqui jaz, sem cruz,
    Alberto Caeiro
    Que foi homem dos deuses...
    Se os deuses vivem ou não isso é convosco.
    A mim deixei que me recebessem.

A neve pôs uma toalha calada[1] sobre[2] tudo.
Não se sente senão o que se passa dentro de casa.
Embrulho-me num cobertor e não penso sequer em pensar.
Sinto um gozo de animal e vagamente penso,
E adormeço sem menos utilidade que todas as ações do mundo.

Hoje de manhã saí muito cedo,
Por ter acordado ainda muito mais cedo
E não ter nada que quisesse fazer...

Não sabia que caminho tomar
Mas o vento soprava forte,[1]
E segui o caminho para onde o vento me soprava nas costas.
Assim tem sido sempre a minha vida, e assim quero que possa ser
[sempre –
Vou onde o vento me leva e não me deixo[2] pensar.

Primeiro prenúncio da trovoada de depois de amanhã,
As primeiras nuvens, brancas, pairam baixas no céu mortiço.
Da trovoada de depois de amanhã?
Tenho a certeza, mas a certeza é mentira.
Ter certeza é não estar vendo.
Depois de amanhã não há.
O que há é isto:
Um céu de azul um pouco baço, umas nuvens brancas no
                                                       [horizonte,
Com um retoque sujo em baixo como se viesse negro depois.
Isto é o que hoje é,
E, como hoje por enquanto é tudo, isto é tudo.
Quem sabe se eu estarei morto depois de amanhã?
Se eu estiver morto depois de amanhã, a trovoada de depois de
                                                        [amanhã
Será outra trovoada do que seria se eu não tivesse morrido.
Bem sei que a trovoada não cai da minha vista,
Mas se eu não estiver no mundo, o mundo será diferente –
Haverá eu a menos –
E a trovoada cairá num mundo diferente e não será a mesma
                                                        [trovoada.
Seja como for, a que cair é que estará caindo quando cai.

A Ricardo Reis

Também sei fazer conjecturas.
Há em cada coisa aquilo que ela é que a anima.
Na planta está por fora e é uma ninfa pequena.
No animal é um ser interior longínquo.
No homem é a alma que vive com ele e é já ele.
Nos deuses tem o mesmo tamanho
E o mesmo espaço que o corpo
E é a mesma coisa que o corpo.
Por isso se diz que os deuses nunca morrem.
Por isso os deuses não têm corpo e alma
Mas só corpo e são perfeitos.
O corpo é que lhes é alma
E têm a consciência na própria carne divina.

*(ditado pelo poeta
no dia da sua morte)*

É talvez o último dia da minha vida.
Saudei o sol, levantando a mão direita,
Mas não o saudei, dizendo-lhe¹ adeus.
Fiz sinal de gostar de o ver ainda, mais nada.

Caeiro (4)

67-50
p. 78 e 79

Livro por escrever

Tu, mysterioso, vês um sentido em todas
            as cousas.
Para ti tudo tem uma intima velada,
Ha um sentido oculto em tudo
                    p'ra ti.
O que vês, vel-o para veres outra
                cousa.
Para mim, graças a ter olhos para
                    ver, —
E vejo falta de sentido em todas as
                    cousas,
Vejo-o, e amo-me; porque ser uma
cousa é não ter sentido
Ser uma cousa é não ser susceptivel
        d'interpretação.

        Poemas Inconjuntos
            Pag. 199

FRAGMENTOS

Quem tem as flores não precisa de Deus.

———

E tudo o que se sente diretamente traz palavras suas.

———

Diferente de tudo, como tudo.

POEMAS VARIANTES

O GUARDADOR DE REBANHOS

XI

Aquela senhora tem um piano,
Que é bonito de ouvir, mas é o que ela faz dele.
Faz uma música feita,
Nem é o soar fraco dos ribeiros estreitos
Nem o som afastado que muitas altas árvores juntas fazem.[1]

O melhor é não ter piano
E ouvir só o que nasce com som.

POEMAS INCONJUNTOS

Não tenho pressa: não a têm o sol e a lua.
Ninguém anda mais depressa do que as pernas que tem.
Se onde quero estar é longe, não estou lá num momento.

Sim, talvez tenham razão.
Talvez em cada coisa uma coisa oculta more.
Mas essa coisa oculta é a mesma
Que a coisa sem ser oculta.

Na planta, na árvore, na flor
(Em tudo o que vive sem fala
E é uma coisa e não o com que se faz uma coisa),
No bosque que não é árvores mas bosque,
Total das árvores sem soma,
Mora uma ninfa, um espírito[1] exterior por dentro
Que lhes dá a vida;
Que floresce com o florescer deles
E é verde no seu verdor.

No animal e no homem entrou.
Vive por fora por dentro
E não já dentro por fora.
Dizem os filósofos que isto é a alma.
Mas não é a alma: é a própria cousa[2]
Da maneira como existe.

E penso que talvez haja entes
Em que as duas cousas coincidam
E tenham o mesmo tamanho,
E que estes entes serão os deuses,
Que existem porque assim é que completamente se existe,
Que não morrem porque são iguais a si mesmos,
Que podem muito porque não têm divisão
Entre quem são e quem são,
E talvez nos não amem, nem nos queiram, nem nos apareçam,
Porque o que é perfeito não precisa de nada.

POEMAS DE ATRIBUIÇÃO INCERTA

Era um calor forte, duro.

O ruidar das cigarras parecia um bater das têmporas da Hora.[1]

Uma sonolência acre e hirta amolecia na poeira da estrada.
A ausência de brisa doía aos[2] sentidos.
Uma nitidez falsa era mais rugosa do que devia ser nos troncos
                                                  [das árvores.

A minha cara refletida grotescamente no bombeado da cafeteira
                      [polida chamou-me, não sei porquê, à realidade.

CASA A CASA

Como por cada gesto que ela faz a Realidade fica mais rica,
Com cada jeito das suas mãos há mais Universo.

E a rapariga que cose à janela, de cabeça baixa,
Quem pode desprezar olhando-a como se ela fosse
Um ponto sobre a capital de um grande império...
Ela é real do mesmo modo que uma capital imensa
E um claro dia que finda...
Vede os seus gestos tão reais e do corpo dela...
Tão colocados ali na presença visual dela...

Aceita o universo
Como to deram os deuses.
Se os deuses te quisessem dar outro
Ter-to-iam dado.

Se há outras matérias e outros mundos –
Haja.

PROSAS

ENTREVISTA COM ALBERTO CAEIRO

Entre as muitas sensações de arte que devo a esta cidade de Vigo, sou-lhe grato pelo encontro que aqui acabo de ter com o nosso mais recente, e sem dúvida o mais original, dos nossos poetas.

Mão amiga me havia mandado desde Portugal, para suavização, talvez,[1] do meu exílio, o livro de Alberto Caeiro. Li-o aqui, a esta janela, como ele o quereria, tendo diante dos meus olhos extasiados o □ da baía de Vigo. E não posso ter senão por providencial que um acaso feliz me proporcionasse, tão cedo empós a leitura, travar conhecimento com o poeta glorioso.

Apresentou-nos um amigo comum. E à noite, ao jantar, na sala □ do Hotel □, eu tive com o poeta esta conversa, que eu avisei poderia converter-se em entrevista.

Eu dissera-lhe da minha admiração perante a sua obra. Ele escutara-me como[2] quem recebe o que lhe é devido, com aquele orgulho espontâneo e fresco que é um dos maiores atrativos do homem, para quem, de supor é, lhe reconheça o direito a ele. E ninguém mais do que eu lho reconhece. Extraordinariamente lho reconhece.

Sobre o café a conversa pôde intelectualizar-se por completo. Consegui levá-la, sem custo, para um único ponto, o que me interessava, o livro de Caeiro. Pude ouvir-lhe as opiniões que transcrevo, e que, não sendo, claro é, toda a conversa, muito representam, contudo, do que se disse.

O poeta fala de si e da sua obra com uma espécie de religiosidade e de natural elevação que, talvez, noutros com menos direito a falar assim, parecessem francamente insuportáveis. Fala sempre em frases dogmáticas, excessivamente sintéticas, censurando ou admirando (raro admira, porém) com absolutismo, despoticamente, como se não estivesse dando uma opinião, mas dizendo a verdade intangível.

Creio que foi pela altura em que lhe disse da minha desorientação primitiva em face da novidade do seu livro que a conversa tomou aquele aspecto que mais me apraz transcrever aqui.

O amigo que me enviou o seu livro disse-me que ele era renascente, isto é, filiado na corrente da Renascença Portuguesa. Mas eu não creio...

— E faz muito bem. Se há gente que seja diferente da minha obra, é essa. O seu amigo insultou-me sem me conhecer comparando-me com essa gente. Eles são místicos. Eu o menos que sou é místico. Que há entre mim e eles? Nem o sermos poetas, porque eles o não são. Quando leio Pascoaes farto-me de rir. Nunca fui capaz de ler uma cousa dele até ao fim. Um homem que descobre sentidos ocultos nas pedras, sentimentos humanos nas árvores, que faz gente dos poentes e das madrugadas [almas].[3] É como um idiota belga dum Verhaeren, que um amigo meu, com quem fiquei mal por isso, me quis ler. Esse então é inacreditável.

— A essa corrente pertence, parece, a *Oração à luz* de Junqueiro.

— Nem poderia deixar de ser. Basta ser tão má. O Junqueiro não é um poeta. É um arranjador[?] de frases. Tudo nele é ritmo e métrica. A sua religiosidade é uma léria. A sua adoração da natureza é outra léria. Pode alguém tomar a sério um tipo que diga que é [hino] da luz misteriosa gravitando na órbita de Deus?[4] Isto não quer dizer nada. É com cousas que não querem dizer nada, excessivamente nada, que as pessoas têm feito obra até agora. É preciso acabar com isso.

— E João de Barros?

— Qual? O contemporâneo... A pedagogia não me interessa. [.] A única cousa boa que há em qualquer pessoa é o que ela não sabe.

— O senhor Caeiro é um materialista?

— Não, não sou nem materialista nem deísta nem cousa nenhuma. Sou um homem que um dia, ao abrir a janela, descobriu esta cousa importantíssima: que a Natureza existe. Verifiquei que as árvores, os rios, as pedras são cousas que verdadeiramente existem. Nunca ninguém tinha pensado nisto.

Não pretendo ser mais do que o maior poeta do mundo. Fiz a maior descoberta que vale a pena fazer e ao pé da qual todas as outras descobertas são entretenimentos de crianças estúpidas. Dei pelo Universo. Os gregos, com toda a sua nitidez visual, não fizeram tanto.

———

"Sou mesmo o primeiro poeta que se lembrou de que a Natureza existe. Os outros poetas têm cantado a Natureza subordinando-a a eles, como se eles fossem Deus; eu canto a Natureza subordinando-me a ela, porque nada me indica que eu sou superior a ela, visto que ela me inclui, que eu nasço dela e que ☐

O meu materialismo é um materialismo espontâneo. Sou perfeitamente e constantemente ateu e materialista. Não houve nunca, bem sei, um materialista e um ateu como eu... Mas isso é porque o materialismo e o ateísmo só agora, em mim, encontraram o seu poeta."

E Alberto Caeiro de tão curioso modo acentua o eu, o mim, que se vê a funda convicção com que fala.[5]

[SÓ A PROSA É QUE SE EMENDA]

Como ele me disse uma vez: "Só a prosa é que se emenda. O verso nunca se emenda. A prosa é artificial. O verso é que é natural. Nós não falamos em prosa. Falamos em verso. Falamos em verso sem rima nem ritmo. Fazemos pausas na conversa que na leitura da prosa *se não podem fazer*. Falamos, sim, em verso, em verso natural – isto é, em verso sem rima nem ritmo, com as pausas do nosso fôlego e sentimento.

Os meus versos são naturais porque são feitos assim...

O verso ritmado e rimado é bastardo e ilegítimo".

Caeiro

p. 96   ①

Por o campos sem reparar para ellas
Perguntas — ou pega n'isso.

oxe a goes, repand.

isar uma flor é' star ao pé d'ella
                inconscientemente
E ter uma noção do seu perfume
    nas nossas ideias mais [efectivas]
                                   apagadas.

Quando reparo, vou jáá: vejo.
Abro os olhos a o meu corpo que está entre
            a hervas,
             principalmente
sente   inteiramente   a 0 [saterio?] de quem
                         fecha os olhos —

 durego formando terra chuviosa e
                                    irregular;
 alguma cousa dos ruidos indistincto dos
        +   coisa a sentir,
                anormal
  n' uma [sulas?] d luz me carregam leve-
                        mente nas orbitas,
  n' um resto de vida [da   ] Doz.
                         [?] serve.
            [spontaneam]
                                  20-4-1919

LISTAS DE POEMAS ELABORADAS POR PESSOA

LISTA I

O GUARDADOR DE REBANHOS
1. A Salada
2. O luar através dos altos ramos
3. Estética*
4. O guardador de rebanhos
5. Quando o luar bate na relva
6. Quem me dera que a minha vida fosse um carro de bois
7. Quem me dera que eu fosse o pó da estrada

LISTA II

ALBERTO CAEIRO
1. Eu nunca guardei rebanhos...
2. O meu olhar é nítido como um girassol...
3. Ao entardecer, debruçado pela janela...
4. Esta tarde a trovoada caiu...
5. Há metafísica bastante em não pensar em nada...
6. Pensar em Deus é desobedecer a Deus...

7 a 33. (several)

34. Se às vezes digo que as flores sorriem...
35. Se quiserem que eu tenha um misticismo, tenho-o...
36. Li hoje duas páginas...

---

* Título da versão primitiva do poema XXXIX de *O guardador de rebanhos*, que consistia só nas últimas duas estrofes.

37. Num dia excessivamente nítido...
38. As quatro canções que seguem...
39. [*Riscado*: *Estas quatro canções escrevi-as estando doente...*] On his poetry.
40. Às vezes, em dias de luz perfeita e exata...
41. Só a Natureza é divina, e ela não é divina...
42. As bolas de sabão que esta criança...
43. O que nós vemos das cousas são as cousas...
44.
45.

       (perhaps there are more than these).
       (Try to reach 50, or, at the
       very least, 45)
       or 49 (44, 45, 46, 47, 48, 49)

———

Alberto Caeiro
1. O guardador de rebanhos. 1911-1912
2. Cinco odes futuristas. (1913)-1914
3. Chuva oblíqua (Poemas inters). 1914

LISTA III

CAEIRO

#	Título	Data
1.	Gozo os campos	20/4/1919
2.	Entre o que vejo de um campo	"
3.	Tu, místico	12/4/1919
4.	Pastor do monte	"
5.	Criança desconhecida e suja	"
6.	Pétala dobrada	"
7.	Ah, querem uma luz melhor que a do sol!	"
8.	Verdade, mentira, certeza, incerteza...	"
9.	Uma gargalhada de rapariga	"
10.	Noite de S. João	"

11.	Sim: existo dentro do meu corpo	20/6/1919
12.	Não tenho pressa	"
13.	O conto antigo da Gata Borralheira	12/4/1919
14.	Duas horas e meia da madrugada	"

NOTAS

PREFÁCIO DE RICARDO REIS (PP. 11-2)
[21/73, dat. com emendas]
O dia de nascimento de Caeiro, o número de poemas de *O pastor amoroso* (são oito, mas Pessoa talvez tenha eliminado um ou outro) e o número da ode ricardiana mencionada no sexto parágrafo foram preenchidos por nós, nos espaços em branco deixados pelo autor. Eliminamos, na segunda frase, o ponto de interrogação após "quinta do Ribatejo", já que esta informação biográfica foi confirmada por Pessoa na primeira das *Notas para a recordação do meu Mestre Caeiro* publicadas na *presença* em 1931.

1. Var. a "sugeriu": "lembrou".
2. Var. a "na": "pela".
3. Var. a "viveu": "houve nele de vida".
4. Var. a "em que é pensada": "em que se forma na mente".
5. Var. a "de prefaciar estes livros, em fazer": "de publicar estes livros, em fazer em prefácio".
6. Var. a "e a sua natureza e destino fatal": "e as suas teorias e natural destino".
7. Var. a "fazer": "formar".
8. Var. a "estas nenhumas palavras": "este pouco de palavras".
9. Vars. a "realidade": "fatalidade" / "necessidade".

O GUARDADOR DE REBANHOS (PP. 16-77)
Fernando Pessoa publicou quase metade, 24, dos poemas de *O guardador de rebanhos*. Essas publicações (que ocorreram em 1925 na *Athena* num conjunto de 23, e, no caso do poema oitavo, em 1931 na *presença*) fixam em definitivo os respectivos textos.

A fonte textual dos restantes é um manuscrito completo de *O guardador de rebanhos*, com correções e anotações várias, num caderno que tem a cota 145 do espólio E3 da Biblioteca Nacional (e de que existe um fac-símile numa edição de Ivo Castro, Lisboa, Dom Quixote, 1986). Havendo ainda outras fontes manuscritas no espólio, este caderno recolhe-as quase todas, inclusive as folhas com poemas passados a limpo que se encontram no Env. 67 (caso, por exemplo, dos poemas II a IV).

Mencionam-se as variantes e transcrevem-se os comentários encontrados à margem dos poemas que figuram noutros manuscritos.

Superpostas a lápis na página do primeiro poema, nesse caderno, aparecem as mesmas datas que figuram na *Athena* como as do nascimento e morte de Caeiro: 1889-1915. Na edição da *Athena* de *O guardador de rebanhos*, aparecem ainda sob o título, como sendo as da sua escrita, as datas 1911-1912. As datas apostas a alguns poemas no caderno geralmente correspondem à escrita efetiva de cada um deles, aparecendo inscritas no seu final entre parênteses retos. Como escreveu Pessoa num fragmento inédito (48E-36), "A data de um poema, ou de qualquer obra, pesa tão pouco na valia dele como o tempo que leva a fazer. O interesse da data é psicológico, que não estético". Essa ideia está presente na aposição dessas datas, que não fazem parte, com toda a evidência, do poema. São, no entanto, sempre indicadas nas notas aos poemas respectivos.

I

Datado de 8-3-1914 no referido caderno mas redigido, segundo a evidência dos manuscritos, em 4-3-1914.

Faz parte da recolha publicada na *Athena* 4, 1925.

II

Datado de 8-3-1914.
1. Vars. a "O meu olhar é": "Onde eu olho tudo está" / "No meu olhar, tudo é" / "Tudo que vejo está".
2. "comigo" substitui a palavra riscada "essencial".
3. Vars. de "eterna":"perpétua" / "serena" / "grande" / "completa" / "súbita".
4. Vars. de "eterna": "perpétua" / "grande" / "primeira".
5. Var. a "única": "toda a".

Existe um manuscrito (68-3) com dois versos variantes dos vv. 11-12:
"Sinto-me recém-nascido a cada momento
Para a completa novidade do mundo."

III

1. Var. a "de soslaio": "por cima dos olhos".
2. Var. a "anda": "vê que anda".

No final, a lápis, há este esboço de versos a inserir:
"Assim ele foi, e o que ele disse
Foi parte disto [mas com tristeza]."

IV

1. Var. a "Pus-me a querer": "Quis-me a".
2. Na página do lado, três versos alternativos aos vv. 21, 22 e 23, marcados com sinal de dubitação:
   "Tranquilamente, ouvindo a chaleira
   E tendo parentes mais velhos que eu
   E fazendo isso como se florisse assim."
3. Entre linhas, dois versos variantes dos vv. 36 e 37:
   "É um barulho repentino
   Que principia com luz..."

V

Faz parte da recolha publicada na *Athena* 4, 1925.

VI

Os últimos quatro versos encontram-se marcados com um sinal de dubitação.

VII

1. Var. a "no cimo": "a meio".
2. Var. a "fecham": "prendem".

O final do penúltimo verso, "o que os nossos olhos nos podem dar", está cortado. No entanto, o outro final escrito por cima é de tão incerta leitura que se torna preferível, para não desfigurar o poema, manter a expressão cortada.

A expressão "da minha altura", bem como os últimos quatro versos, encontram-se marcados com um sinal de dubitação.

VIII

Publicado na *presença* 30, de janeiro-fevereiro de 1931.

Fragmento no verso de um datiloscrito com os últimos quinze versos do poema, riscados (14B-27):

"... esse assombroso sonho do Novo Jesus, talvez a cousa mais original, considerando tudo, que, em poesia moderna, se tem escrito.

Em Caeiro parece haver uma impossibilidade radical de não sentir tudo frescamente, matutinamente. Os seus comentos são de quem anseia contar aos deuses cousas da origem do mundo. Ele parece ser mais novo de séculos do que todos nós, e apenas estar a nós ligado pelas deficiências, fraquezas ou hesitações da sua matutina ideação. São os interstícios do seu pensamento poético que se enchem do entulho da nossa gasta maneira de pensar..."

IX

Faz parte da recolha publicada na *Athena* 4, 1925.
Fragmento no verso de um datiloscrito do poema, riscado (14B-28):
"Se nos houvessem dito que era de um materialista que havia de emanar a mais original e mais límpida poesia, a poesia mais puramente poesia, de hoje, não nos levariam a mal que duvidássemos. Se nos falassem num místico materialista, mas um místico com todas as qualidades de requinte espiritual do místico, e ao mesmo tempo o mais absoluto e radical dos materialistas, nem nos daríamos ao trabalho de virar as costas ao grosseiro paradoxo. Se alguém nos dissesse que haveria um poeta de hoje que apareceria com uma poesia *inteiramente* nova, o total contrário da nossa – encolheríamos talvez os ombros, quase não □ Alberto Caeiro realiza estas contradições todas.
Saudemos nele o mais original dos poetas modernos, um dos maiores poetas de todos os tempos..."

X

Faz parte da recolha publicada na *Athena* 4, 1925.
Fragmento no verso de um datiloscrito do poema, riscado (14B-29):
"A sua poesia é tão natural que por vezes nos parece não ter nada de grande ou de sublime... É tão espontânea e ingénua que nos esquecemos que é completamente nova, inteiramente original."

XI

Há uma expressão superposta ao poema, talvez variante do v. 3: "Nem como o sossego com que as árvores se mexem."
1. Var. a "agradável": "bom de ouvir".
2. Var. a "não é o correr dos": "não como".
3. Var. a "nem": "ou".
4. Var. a "E amar a Natureza": "E ouvir bem os sons que nascem".

Há uma outra versão, datilografada, aqui incluída em *Poemas variantes*.

XII

1. Var. a "é bela e antiga": "está mesmo aqui".
   Var. aos últimos dois versos encontrada noutro suporte (68-12):
   "Mas os pastores de Virgílio não são pastores: são Virgílio,
   E a Natureza é imediatamente bela [é bela antes disso]."

XIII

Faz parte da recolha publicada na *Athena* 4, 1925.

XIV

1. Var. a "Raras": "Nenhumas".
2. Vars. a "divina": "simples" / "natural".
3. Var. a "a minha poesia": "o que escrevo".

XV

1. Var. a "quatro": "duas".
2. Vars. a "nas": "e" / "com".
3. Var. a "a paisagem": "o campo".
4. Var. a "alma": "maneira".
5. Vars. ao verso inteiro: "O mesmo e a noite" / "O mesmo e mais a noite".

Fragmento no verso de um datiloscrito do poema, riscado (14B-26):
"O que admiro em Alberto Caeiro é o forte pensamento – sim, um raciocínio – que une e liga os seus poemas. Ele nunca se contradiz, na verdade, e quando pode parecer que se contradiz, lá está, num ou noutro canto dos seus versos, a alegação prevista e respondida. Profunda coerência da própria obra, o pensamento sobrepondo-se à inspiração? Ou profundo gênio de um grego sentindo e vendo tudo? Em qualquer das hipóteses, a figura literária é enorme, estupenda, grande de mais, até, para a pequenez polícroma da nossa época."

XVI

A edição *princeps* (organizada por Luiz de Montalvor, Lisboa, Ática, 1946) não inclui a terceira quadra do manuscrito.

XVII

Ao lado do número que encima o poema, aparece a menção "(early)".

A edição *princeps* cortou o título – que é, de fato, excepcional em Caeiro.

1. Var. a "Pedem": "Dizem".
   Nota solta, encimada pela sigla "A. C." (68A-2):
   "Aqui, na poesia 17, é que colhemos em ação as influências fundadoras de Caeiro: Cesário Verde e os neopanteístas portugueses. E o sétimo verso é Cesário Verde puro. O tom geral podia quase ser de Pascoaes."

XX

Faz parte da recolha publicada na *Athena* 4, 1925.

XXI

1. Var. a "e": "por isso".
2. Var. a "Assim é e assim seja...": "E que se assim é, é porque é assim".

XXII

1. Var. a "cara": "soma".
2. Var. a "nos": "me".
3. No verso 14, o final "o devo sentir..." está riscado, mas depois existem três possibilidades de reescrita: por cima, "é meu dever senti-lo...", e, por baixo, em sucessão, "é completo", "é isso" e "isso é". Quer dizer, após ter sido cortado o final do verso, todo o final ficou em suspenso. Neste caso extremo de indecisão, parece reter a última correção introduzida. De notar, ainda, que essa sucessão de correções, em que se assiste à recusa do sema "dever", procede a uma aproximação progressiva da forma perfeita – que, de resto, tem um traço a sublinhá-la.

XXIII

1. Vars. a "parecer": "saber" / "perceber".
   Existe um fragmento (68-5v.) em que se leem versos que reescrevem (ou esboçam) a primeira quadra:
   "São assim azuis e calmos
   Porque não interrogo com eles
   (Que posso eu perguntar a que alguém possa responder?)"

XXIV

Datado de 13-3-1914.
Faz parte da recolha publicada na *Athena* 4, 1925.

XXV

Datado de 13-3-1914.
Faz parte da recolha publicada na *Athena* 4, de janeiro de 1925.
Nota no verso de um datiloscrito do poema, riscado (14B-30):
"Ou seja a suprema perfeição de um poema como o vigésimo quinto, poema que parece bem ser ele próprio, aladamente, uma bola de sabão do pensamento:
(Quote)"

XXVI

Datado de 11-3-1914.
Faz parte da recolha publicada na *Athena* 4, 1925.

XXVII

1. Var. a "sabe que há o sol": "está aqui ao sol".

XXVIII

Faz parte da recolha publicada na *Athena* 4, 1925.

XXIX

1. Var. a "passa": "dura".
2. Var. a "entra": "fica".
3. Vars. a "cor da sombra": "cor que a gente sabe que elas têm" / "cor da gente lhes saber a cor" / "cor da lembrança".
4. Vars. a "ao céu e à terra": "a haver a terra" / "a mim e à terra".
5. Var. a "atentos": "convictos".
6. Var. a "simplicidade": "contiguidade".

XXX

Faz parte da recolha publicada na *Athena* 4, 1925.

XXXI

Todo o poema se encontra dubitado com pontos de interrogação.
1. Var. a "real": "verdadeira".

XXXII

Faz parte da recolha publicada na *Athena* 4, 1925.

XXXIII

1. Var. a "boas": "certas".

2. Var. a "sorriso": "colorido".
3. Vars. a "Para ver se elas falavam...": "Para ver se elas mudavam" / "Para ver o que elas faziam..." / "Para ver a quem pertenciam..." / "Para as ver com o tato [os dedos] também...".

XXXIV

1. Os vv. 13 e 14 têm como variantes:
   "Se ela tivesse, seria gente;
   E se fosse gente, tinha feitio de gente, não era a terra.
   Mas que me importa isso a mim?"

XXXV

Faz parte da recolha publicada na *Athena* 4, 1925.

XXXVI

1. Var. a "artística": "certa".
2. Var. a "E não termos sonhos": "Afrouxando, e sem sonhos".

XXXVII

Faz parte da recolha publicada na *Athena* 4, 1925.

XXXVIII

1. Var. a "puro": "bom".
2. Var. a "lacrimosamente": "imperfeitamente".
3. Var. a "sol": "ouro".

XXXIX

Faz parte da recolha publicada na *Athena* 4, 1925.
Existe um fragmento (68A-7) com a seguinte variante do v. 7:
"Rio alto como um regato abre o som numa pedra."

XL

Datado de 7-5-1914.
Faz parte da recolha publicada na *Athena* 4, 1925.

XLI

Datado de 7-5-1914.
1. Var. a "folhas": "maneiras".
2. Var. a "original": "diferente".
3. Var. a "engraçado": "maior".

XLII

Datado de 7-5-1914.
Faz parte da recolha publicada na *Athena* 4, 1925.
Fragmento no verso de um datiloscrito do poema, riscado (14B-31):
"Calma nota à margem de toda a história, dizendo, mais do que o fizeram cem extensas odes de cem poetas, a eterna vacuidade da ação humana."

XLIII

Datado de 7-5-1914.
Faz parte da recolha publicada na *Athena* 4, 1925.

XLIV

Datado de 7-5-1914.
1. Var. a "estaco": "volto-me".
2. Var. a "com os": "nos".
3. Esboço acrescentado dos dois vv. finais: "E esta sensação é curiosa porque ele não enche a noite/ Com a sua pequenez...".

Este final variante tem, por sua vez, uma var. a "ele não enche": "só para mim é que ele enche".

XLV

Datado de 7-5-1914.
Faz parte da recolha publicada na *Athena* 4, 1925.

XLVI

Datado de 10-5-1914.
Faz parte da recolha publicada na *Athena* 4, 1925.

XLVII

Faz parte da recolha publicada na *Athena* 4, 1925.
Apontamento no verso de um datiloscrito do poema, riscado (121-16):
"Caeiro é o São Francisco de Assis do novo paganismo. (A. Mora)".

XLVIII E XLIX

Fazem parte da recolha publicada na *Athena* 4, 1925.

O PASTOR AMOROSO (PP. 80-8)

Pessoa só numerou os primeiros dois poemas deste conjunto. A ordenação dos restantes seis é nossa. As cotas dos originais, seguidas pelo tipo de escrita (datiloscrito, manuscrito ou misto) aparecem entre colchetes.

I

[67/55, 65/63, 67/56, ms.] Datado de 6-7-1914.

A cota 65/63 corresponde à segunda metade da primeira folha do manuscrito, rasgada em duas. Na margem esquerda da folha, o autor escreveu, a lápis: "Sinto melhor os rios sem vê-los", talvez uma variante para as primeiras quatro palavras do sétimo verso, mas seguida por "(?!)", assim mostrando a sua forte dubitação. No final do poema Pessoa riscou, com o mesmo lápis, dois versos:

"Põe as tuas mãos entre as minhas mãos
E deixa que nos calemos acerca da vida."

II

[52A/3v., 67/56, ms.] Datável de 6-7-1914.

O primeiro verso, tal como o publicamos aqui, surge num envelope com carimbo de Antuérpia, de 4 de março de 1931. No lado não carimbado do envelope, encontra-se a variante "Para alta no céu a lua e é primavera", com a palavra "Está" escrita imediatamente por baixo de "Para". "Está" e "e é" vêm sublinhadas, indicando o claro desejo do autor de substituir "Vai" e a contração "da" da primeira versão.

1. 1ª versão: "Vai alta no céu a lua da primavera."
2. Var. a "nome;": "nome e".

III

[67/67, misto] Datado de 23-7-1930.

Encimado por dois apontamentos riscados (talvez por outrem que não o autor), sendo o segundo – que também figura no verso da lista de *Poemas inconjuntos* transcrita na p. 185 – uma possível epígrafe, em versão bilíngue:

"E tudo é belo porque tu és bela
(And all looks lovely in thy loveliness)"

Trata-se do último verso do soneto *Love's Blindness*, de Alfred Austin (1835-1913), nomeado "Poet Laureate" da Grã-Bretanha em 1896.

No final do poema: "(examine very carefully)".

1. Var. a "nos perfumes": "no que cheira".
2. Var. a "visse": "houvesse".

3. Var. a "coisa": "vida".
4. Var. a "por fora": "por maneira".

IV

[67/67, dat.] Datável de 23-7-1930.

O dístico iniciado por "Quem ama", manuscrito e separado por um largo espaço, será o princípio de um poema não desenvolvido, ou talvez um apontamento que complementa a estrofe datiloscrita que o precede. De qualquer modo, achamos conveniente deixá-lo na sequência a que pertence.
1. Var. a "ser comigo": "ser sozinho".
2. O autor escreveu "quem é,/ E é a mesma", tendo riscado depois a conjunção "E" sem alterar (por lapso, julgamos) a pontuação.

V

[67/63, dat.] Datado de 10-7-1930.

VI

[67/65, misto] Datado de 10-7-1930.
1. Var. a "sem espaço": "sem nada".
2. O autor datilografou "só pensar nela", riscando com caneta o "n" de "nela".

VII

[68/14, ms.] Datado de 18-11-1929.

Por cima da segunda estrofe, que começa no verso do autógrafo, lê-se: "A figura do mundo antigo, e a homenagem da infância ao Destino. R. Reis".
1. Var. a "seca": "queima".
2. Var. a "as lágrimas": "a vontade de lágrimas".
3. Var. aos últimos dois versos: "E o grande sol queima as lágrimas pequenas que não posso deixar de ter./ Como o campo é vasto e o amor interior!".
4. Vars. a "o mundo enterra e as árvores se despem": "a gente enterra [a água seca] e as árvores se despem [as árvores emagrecem / desfolham]" / "seca onde foi água e nas árvores desfolha".

VIII

[67/64, misto] Datado de 10-7-1930.

O autor reescreveu os versos 8-10, riscando os primeiros dois

mas não (por lapso, julgamos) o último: "O amplo céu, o sol limpo, o azul certo".
1. Var. a "existem": "estão presentes".
2. Primeira versão do verso, posteriormente posta entre parênteses, sendo desta forma preterida: "E de novo o ar que lhe faltara tanto tempo, lhe entrou fresco nos pulmões".

POEMAS INCONJUNTOS (PP. 90-165)

Pessoa publicou dezesseis dos *Poemas inconjuntos* no último número da *Athena* (fevereiro de 1925) e mais um, o "penúltimo", na *presença* (março–junho de 1931). Para os restantes indicamos as cotas dos originais, seguidas pelo tipo de escrita (datiloscrito, manuscrito ou misto). Tanto quanto possível, os poemas são ordenados cronologicamente. A arrumação dos poucos poemas não datados ou datáveis é conjectural.

P. 91 Para além da curva da estrada

[68/10, dat.]

O original é encimado pela indicação "Caeiro (data desconhecida)", mas a primeira versão (51/100, riscada por ter sido copiada) é seguida de um poema de Ricardo Reis, "Deixemos, Lídia, a ciência que não põe", incluído numa lista de odes (48G/21) elaborada em 1914. O 14º verso, o único acrescentado por Pessoa na versão final, surge a tinta vermelha, provavelmente como sinal de dubitação.

P. 92 Passar a limpo a Matéria

[57A/57v., ms.] Datado de 17-9-1914. Inédito.

Escrito ao lado do poema ortônimo "Têm sono em mim" (inédito) e da ode ricardiana "Em Ceres anoitece", ambos com a mesma data do poema caeiriano, 17-9-1914. O outro lado da folha está ocupado pela última parte do poema *A Múmia*, publicado em *Portugal Futurista* (1917).

1. Var. a "serviam": "servem".
2. Primeira versão, onde se lê "da Sensação": "do pensamento[?]". Sendo a leitura conjectural, preferimos a variante.

P. 93 O que vale a minha vida? No fim (não sei que fim)

[57A/57v., ms.] Datável de 17-9-1914. Inédito.

Escrito logo embaixo do poema anterior.

1. Var. a "que é da mesma opinião": "que apesar de tudo é esperto".

P. 94 A espantosa realidade das coisas
   [*Athena* 5, 1925] O original [67/53] é datado de 7-11-1915.

P. 96 Quando tornar a vir a primavera
   [*Athena* 5, 1925] O original [67/51v.] pertence a um conjunto de poemas datado de 7-11-1915.

P. 97 Se eu morrer novo
   [*Athena* 5, 1925] O original [67/51] pertence a um conjunto de poemas datado de 7-11-1915.

P. 99 Quando vier a primavera
   [*Athena* 5, 1925] O original [67/51v.-52] pertence a um conjunto de poemas datado de 7-11-915.
   Nos vv. 9-10 corrigimos, em conformidade com o original, a gralha impressa na *Athena*, "manhã" em vez de "amanhã".

P. 100 Se, depois de eu morrer, quiserem escrever a minha biografia
   [*Athena* 5, 1925] O original [67/54] pertence a um conjunto de poemas datado de 8-11-1915.

P. 101 Nunca sei como é que se pode achar um poente triste.
   [67/54, dat.] Faz parte de um conjunto de poemas datado de 8-11-1915.

P. 102 Um dia de chuva é tão belo como um dia de sol.
   [67/54, dat.] Faz parte de um conjunto de poemas datado de 8-11-1915.

P. 103 Quando a erva crescer em cima da minha sepultura
   [67/54v., dat.] Datado de 8-11-1915.
   1. Var. a "doentia": "doente".

P. 104 É noite. A noite é muito escura. Numa casa a uma grande distância
   [67/58, dat.] Datado de 8-11-1915.
   1. Var. a "realidade imediata para": "realidade que está defronte de".

P. 105 Falas de civilização, e de não dever ser
   [*Athena* 5, 1925]
   O datiloscrito 67/45 apresenta uma versão abreviada do poema.

P. 106 Todas as teorias, todos os poemas
[58/2, ms.] Datado de 11-1-1916.
Escrito no mesmo suporte que um fragmento da *Ode marcial* de Campos.
O oitavo verso, entre parênteses, parece dizer respeito ao anterior, pelo que mudamos para o final dos dois versos as reticências que no manuscrito figuram no final do sétimo.
1. Var. a "dimensão": "tamanho".
2. Var. a "cousa mais": "única cousa".

P. 107 Medo da morte?
[69/49v., ms.] Inédito.
Este e o poema seguinte figuram no verso do poema de Campos: "Ah, perante esta única realidade, que é o mistério", aparentemente em resposta a ele. Há ainda, no mesmo lado da folha, um fragmento de três versos pertencente ao poema *A Partida* (de Campos).

P. 108 Então os meus versos têm sentido e o universo não há de ter sentido?
[69/49v., ms.] Inédito.
Acrescentamos os pontos de interrogação ao segundo e ao quarto versos.

P. 109 Leram-me hoje S. Francisco de Assis.
[58/45, ms.] Datado de 21-5-1917.

P. 110 Sempre que penso uma cousa, traio-a.
[58/45v., ms.] Datável de 21-5-1917.
No v. 7, trocamos a ordem dos complementos verbais. O que o autor na verdade escreveu, julgamos que por lapso, é: "Só existe diretamente para o pensamento e não para os olhos".

P. 111 Eu queria ter o tempo e o sossego suficientes
[58/45v., ms.] Datável de 21-5-1917.

P. 112 A manhã raia. Não: a manhã não raia.
[58/45v., ms.] Datável de 21-5-1917.
No v. 6, substituímos a vírgula do original por um ponto e vírgula.

P. 113 **A criança que pensa em fadas e acredita nas fadas**
[16A/7, ms.] Datado de 1-10-1917.
O último verso é dubitado.
1. Var. a "que existem": "existindo".

P. 114 **De longe vejo passar no rio um navio...**
[16A/7, ms.] Datável de 1-10-1917.

P. 115 **Creio que irei morrer.**
[16A/7, ms.] Datável de 1-10-1917.

P. 116 **No dia brancamente nublado entristeço quase a medo**
[16A/6-6v., ms.] Datado de 1-10-1917.
O segundo verso é dubitado. No final do poema, ao cimo da página com a cota 16A/7v. e com o número "4" (sendo 16A/7, 16A/6 e 16A/6v. as primeiras três, não numeradas), o autor deixou o seguinte apontamento, como variante ou ideia não desenvolvida:
"... mas o Universo existe mesmo sem o Universo.
Esta verdade capital é falsa só quando é dita,
Porque foi pensada [*este verso foi riscado*]"

P. 118 **A noite desce, o calor soçobra um pouco.**
[16A/7v., ms.] Datável de 1-10-1917.

P. 119 **Estou doente. Meus pensamentos começam a estar confusos.**
[16A/7v., ms.] Datável de 1-10-1917.
O último verso é dubitado.

P. 120 **Quando está frio no tempo do frio, para mim é como se estivesse agradável,**
[67/59, dat.] Datável de 24-10-1917.

P. 121 **Seja o que for que esteja no centro do mundo**
[67/59-59v., dat.] Datado de 24-10-1917.

P. 123 **Pouco me importa.**
[67/60, dat.] Datável de 24-10-1917.
1. Var. a "pouco": "Nada".

P. 124 A guerra, que aflige com os seus esquadrões o mundo
[67/60, dat.] Datável de 24-10-1917.

P. 125 Todas as opiniões que há sobre a Natureza
[16A/8, ms.] Datado de 29-5-1918.

P. 126 Navio que partes para longe
[16A/8, ms.] Datável de 29-5-1918.

P. 127 Pouco a pouco o campo se alarga e se doura.
[16A/9, ms.] Datável de 29-5-1918.

P. 128 Última estrela a desaparecer antes do dia,
[16A/9, ms.] Datável de 29-5-1918.

P. 129 A água chia no púcaro que elevo à boca
[16A/9, ms.] Datável de 29-5-1918.
1. Var. a "na": "com a".

P. 130 O que ouviu os meus versos disse-me: que tem isso de novo?
[16A/9v., ms.] Datável de 29-5-1918.
No v. 3, substituímos uma vírgula do original por dois-pontos.

P. 131 Ontem o pregador de verdades dele
[*Athena* 5, 1925]
Do original [65/71, ms.] consta o seguinte fragmento poético assinado por Ricardo Reis:
"(a Caeiro)
Morreste jovem, como os deuses querem
Quando amam."
No penúltimo verso acrescentamos, em conformidade com o original, um ponto-final.

P. 132 O quê? Valho mais que uma flor
[65/71v., ms.]
1. O autor, por evidente lapso, inseriu na entrelinha a palavra "não" antes de "eu", e não depois.
2. Fim alternativo: "Separa-a de todas as outras o abismo de ser ela/ E as outras não serem ela".

P. 133 Criança desconhecida e suja brincando à minha porta
   [*Athena* 5, 1925] Datado de 12-4-919 (segundo o original [67/48] e a lista reproduzida na p. 185).

P. 134 Verdade, mentira, certeza, incerteza...
   [*Athena* 5, 1925] Datado de 12-4-919 (segundo o original [67/49] e a lista reproduzida na p. 185).

P. 135 Uma gargalhada de rapariga soa do ar da estrada.
   [*Athena* 5, 1925] Datado de 12-4-1919 (segundo o original [67/49v.] e a lista reproduzida na p. 185).

P. 136 Noite de S. João para além do muro do meu quintal.
   [*Athena* 5, 1925] Datado de 12-4-1919 (segundo o original [67/49v.] e a lista reproduzida na p. 185).

P. 137 Tu, místico, vês uma significação em todas as cousas.
   [*Athena* 5, 1925] Datado de 12-4-1919 (segundo o original [67/50] e a lista reproduzida na p. 185).
   O original é encimado pelo título *Livro por escrever*.

P. 138 Pastor do monte, tão longe de mim com as tuas ovelhas –
   [*Athena* 5, 1925] Datado de 12-4-1919 (segundo o original [67/50v.] e a lista reproduzida na p. 185).

P. 139 Ah, querem uma luz melhor que a do sol!
   [68/12, ms.] Datado de 12-4-1919.
   Os versos 13-16 são dubitados.
 1-2. Var. a "prados": "campos".
   3. Var. a "prados mais prados que estes prados": "campos mais campos que estes campos".
   4. Var. a "nem erros": "nem mim".
   5. Var. a "exata": "absoluta".

P. 140 O conto antigo da Gata Borralheira
   [65/55, ms.] Datado de 12-4-1919 (segundo a lista reproduzida na p. 185). Inédito no *corpus* caeiriano.
   Os últimos cinco versos são dubitados.
   1. Var. a "árvores e as terras": "árvores faziam sombra".

P. 141 Duas horas e meia da madrugada. Acordo, e adormeço.
[65/55v., ms.] Datado de 12-4-1919 (segundo a lista reproduzida na p. 185). Inédito no *corpus* caeiriano.
A 3ª estrofe é dubitada.

P. 142 Pétala dobrada para trás da rosa que outros diriam de veludo
[67/48v., ms.] Datado de 12-4-1919 (segundo a lista reproduzida na p. 185).
1. Var. ao verso inteiro: "Agora estás aqui".
2. Var. a "estava": "toda a rosa estava".

P. 143 Entre o que vejo de um campo e o que vejo de outro campo
[*Athena* 5, 1925] Datado de 20-4-1919 (segundo o original [67/46] e a lista reproduzida na p. 185).

P. 144 Gozo os campos sem reparar para eles.
[67/47, dat.] Datado de 20-4-1919.
1. Var. a "apagadas": "afastadas".
2. Vars. a "ouve": "soa" / "serve" / "esquece" / "fica" / "fica para existir".

P. 145 Não tenho pressa. Pressa de quê?
[68/13v., ms.] Datável de 20-6-1919.
Nos *Poemas variantes* figura uma versão mais breve do poema, escrita no mesmo dia.
1. Var. a "não tenho": "não sei ter".
2. Var. a "somos": "vivemos"; var. a "do nosso corpo": "da nossa realidade"; var. (ulterior) ao verso inteiro: "E estamos sempre fora dela porque estamos aqui."

P. 146 Sim: existo dentro do meu corpo.
[68/13, ms.] Datado de 20-6-1919.
1. Var. a "o mundo": "a terra".
2. Var. a "filho": "natural".

P. 147 Gosto do céu porque não creio que ele seja infinito
O poema, escrito na guarda final de *Pioneer Humanists*, de John M. Robertson, livro que pertence à biblioteca pessoal de Fernando Pessoa, será posterior a 1916, datando talvez de 1919 ou 1920 (data conjectural de alguns cálculos numerológicos na guarda anterior).
1. Var. a "algures e algures": "numa parte e numa parte".

P. 148 **O verde do céu azul antes do sol ir a nascer**
   [68/3v., ms.]
   1. Var. a "ir a": "estar para".
   2. Var. a "cinzento": "acinzentado"; vars. a "levemente azulado": "e azul [azulado] ao bater [ao pousar / ao tocar /ao espelhar / quando bate]"; var. (ulterior) a "cinzento levemente azulado": "cinzento azulado e espelha onde bate".

P. 149 **Como uma criança antes de a ensinarem a ser grande**
   [68/4, ms.]
   1. Var. ao verso inteiro: "Sou verdadeiro e leal ao que vejo e ouço".

P. 150 **Não sei o que é conhecer-me. Não vejo para dentro.**
   [68/4, ms.]

P. 151 **Patriota? Não: só português.**
   [68/4, ms.]

P. 152 **Deito-me ao comprido na erva**
   [68/5, ms.]
   1. Var. a "na erva": "sobre a terra com erva".

P. 153 **Falaram-me em homens, em humanidade**
   [68/5v., ms.]
   Por baixo deste poema, surgem variantes para os poemas XLV e XXIII de *O guardador de rebanhos*.
   1. Var. a "vários homens": "vários um-homens".
   2. Var. a "diferentes entre si": "diferentes um do outro".

P. 154 **Nunca busquei viver a minha vida.**
   [68/6, ms.]

P. 155 **Vive, dizes, no presente:**
   [67/61, dat.] Datado de 19-7-1920.
   No verso do original, surge o seguinte comentário, provavelmente de Ricardo Reis: "Nos *últimos poemas* como que se ressente da estada na cidade, ou de leituras ou do [que] quer que seja que lhe é naturalmente estranho".
   1. Vars. a "que as mede": "em que estão" / "que lhes damos".
   2. Var. a "meu esquema": "meu haver".

3. Var. a "si próprias": "elas próprias".
4. Var. a "espaço": "lugar".

P. 156 Dizes-me: tu és mais alguma cousa
[*Athena* 5, 1925] O original [59/28v.] figura no mesmo suporte do próximo poema, datado de 5-6-1922.

P. 158 Dizem que em cada coisa uma coisa oculta mora.
[59/28, ms.] Datado de 5-6-1922.
Há um poema variante deste (ver pp. 170-1).
Suprimos a vírgula que, no autógrafo, aparece no final do penúltimo verso.
1. Var. a "corpo ser diferente": "corpo por dentro, diferente".

P. 159 Não basta abrir a janela
[*Athena* 5, 1925] O original (67/44, ms.) traz a indicação "recent – (1923-4)–?".

P. 160 Ponham na minha sepultura
[Caderno de *O guardador de rebanhos*, ao lado do poema XLVIII, ms.] Datado de 13-8-1923.
O original apenas sugere vagamente a reentrância a partir do segundo verso.

P. 161 A neve pôs uma toalha calada sobre tudo.
[67/68, dat.]
1. Var. a "calada": "enfeixada".
2. Var. a "sobre": "na mesa de".

P. 162 Hoje de manhã saí muito cedo
[67/62, ms.] Datado de 13-6-1930.
1. Vars. a "soprava forte": "empurrava nu" / "varria para um lado".
2. Vars. a "não me deixo": "não me sinto" / "não sou capaz de" / "não desejo" / "e então não preciso".

P. 163 Primeiro prenúncio da trovoada de depois de amanhã
[67/66, misto] Datado de 10-7-1930.

P. 164 Também sei fazer conjecturas.
[*presença*, março–junho 1931]

O original, datado de 7-5-1922 e inscrito no Caderno de
O guardador de rebanhos ao lado do poema XXIV, é encimado pela
indicação "Penúltimo poema" (publicada como título na *presença*), pela
dedicatória a Ricardo Reis (não publicada na *presença*) e pelo seguinte
apontamento: "aquele assombroso poema de Caeiro que é a mitologia
inteira", talvez atribuível ao próprio Reis. O significado da dedicatória
é explicitado imediatamente a seguir ao poema, num apontamento
assinado por Álvaro de Campos e possivelmente destinado às suas *Notas
para a recordação do meu Mestre Caeiro*: "aquele prodigioso poema do
meu Mestre Caeiro em forma de resposta nem mesmo de Ricardo Reis
entendida deu um passo ao lado e colheu o paganismo da haste onde
some a berma da estrada".

P. 165 É talvez o último dia da minha vida.
    [67/69, ms.] Posterior a 1920.
    Encimado pela indicação "Last Poem".
1. Var. a "dizendo-lhe": "para lhe dizer".

FRAGMENTOS (PP. 168-9)
    [67/38, ms.; 68/3, ms.; 48E/36v., ms.] O terceiro fragmento é inédito.

POEMAS VARIANTES (PP. 170-3)

O GUARDADOR DE REBANHOS
XI
    [67/26, dat.] Datado de 1-1-1930, em Évora, e assinado "Caeiro,
M.", em que a inicial talvez signifique "Mestre".
1. Var. a "que muitas altas árvores juntas fazem": "que mais que uma árvore alta faz".

POEMAS INCONJUNTOS

P. 172 Não tenho pressa: não a têm o sol e a lua.
    [68/13, ms.] Datado de 20-6-1919.
    Pessoa escreveu, logo a seguir, uma versão deste poema mais
desenvolvida, *Não tenho pressa. Pressa de quê?* (ver p. 145).

P. 173 Sim, talvez tenham razão.
    [59/27v., ms.] Datado de 4-6-1922.
    Encimado pela palavra "Não", escrita em letras grandes, já que o

autor preferiu uma versão do poema algo diferente, *Dizem que em cada coisa uma coisa oculta mora* (ver p. 158), que escreveu um dia depois.

Surge, no final do poema, um verso solto que o autor, ao rever o poema, talvez tivesse incorporado na segunda estrofe: "A ninfa é talvez o futuro da árvore ou do rio".

Os versos 8-9 são dubitados.
1. Var. a "um espírito": "a vida".
2. Var. a "a própria cousa": "o próprio animal ou homem".

POEMAS DE ATRIBUIÇÃO INCERTA (PP. 174-7)

ERA UM CALOR FORTE, DURO.

[66D/21, ms.] Inédito.

O ambiente rural, o verso livre e a importância dada à realidade direta no final do poema lembram Caeiro (um Caeiro que, pelo tom geral, parece "doente"), mas a frase "têmporas da Hora" é típica de Pessoa ele-mesmo na sua fase simbolista.
1. Vars. a "um bater das têmporas da Hora": "bater-me nas fontes" / "bater-me nas têmporas".
2. Var. a "aos": "nos".

CASA A CASA

[68/8, ms.] Inédito.

Encimado pelo título geral "5 Odes", projeto (aliás, *Cinco odes futuristas*) inicialmente atribuído a Caeiro mas "herdado" por Álvaro de Campos. Sobre a autoria heteronímica desta ode embrionária, ver o texto "Caeiro triunfal" em posfácio.

O autor deixou um largo espaço após o dístico inicial para versos que não chegou a escrever.

No verso do manuscrito, figuram dois apontamentos sobre Caeiro, em inglês:

"If originality and spontaneity are the superior qualities in a poet, Caeiro is the greatest of all poets that the world has ever seen. Of course, originality and spontaneity are not the superior qualities in a poet."

"His philosophic system is singularly coherent."

ACEITA O UNIVERSO

[68/1, ms.] Assinado, em cima e à direita, "Mora (?)", e ao lado direito, quase no fim do poema, "Caeiro", sem ponto de interrogação. É possível que os primeiros quatro versos tenham sido atribuídos provisoriamente a Antonio Mora (heterónimo que não era poeta) e os últimos dois a Caeiro. Ao cimo da página, figura o seguinte apontamento:

"A única parte útil do ocultismo é a parte científica – constatação (um pouco vaga e intuitiva) de estados da matéria outros que os que normalmente conhecemos. *É o que há.*"

PROSAS (PP. 178-82)

ENTREVISTA COM ALBERTO CAEIRO

[68A/8-10; 143/100; 68A/5, 4v., ms.]

Os três fragmentos da entrevista, separados nesta edição por asteriscos, foram escritos em momentos e suportes diferentes mas todos eles, quase certamente, em 1914.

O primeiro fragmento é intitulado "Entrevista com A. C." e traz a indicação "(*Teatro* – ?)", uma revista onde Pessoa publicou vários textos de crítica em 1913 e onde terá pensado publicar a sua "Entrevista".

O segundo fragmento, sem título, foi escrito no mesmo bloco donde provêm os primeiros autógrafos dos poemas XL-XLV de *O guardador de rebanhos*, datados de 7/5/1914. No final do fragmento surge um comentário avulso de Caeiro: "e esse idiota de S. Francisco de Assis?".

O terceiro fragmento é encimado pela indicação "A. Caeiro (entrevista signed A. S.)", a sigla referindo-se possivelmente a Alexander Search.

A versão da entrevista publicada em *Poemas completos de Alberto Caeiro* (*Presença*, 1994) inclui um quarto fragmento [14B/19] que, no nosso entender, não deverá pertencer à entrevista (e que não está, como é dito numa nota, escrito num suporte afim ao segundo fragmento).

1. Var. a "talvez": "quiçá".
2. Var. a "como": "com o ar de".
3. Preenchemos o espaço em branco baseando-nos no poema *Êxtase* (do livro *Vida etérea*, 1906), onde Pascoaes fala de "Sombras de almas que surgem retratadas/ Na inquieta palidez das madrugadas...".
4. A citação da *Oração à luz* é imprecisa, uma vez que Guerra Junqueiro escreveu "luz religiosa" e não "luz misteriosa"; preenchemos o espaço em branco com a palavra "hino", de que Pessoa não se recordou.
5. O fragmento termina com a seguinte frase por completar: "Dizia-me há tempos esse altíssimo e transviado espírito que é Fernando Pessoa: '(qualquer cousa)'".

[SÓ A PROSA É QUE SE EMENDA]

[68A/4, ms.]

LISTAS DE POEMAS ELABORADAS POR PESSOA (PP. 184-5)

LISTA I
[67/27, ms.] Datável de março de 1914.
Lista mais antiga de poemas caeirianos. Ver comentários a seu respeito no texto em posfácio "Caeiro triunfal".

LISTA II
[48/27, ms.] Datará, muito provavelmente, de março de 1914.
A lista, comentada em "Caeiro triunfal", consiste unicamente em *incipits* de *O guardador de rebanhos*.

LISTA III
[48/26, ms.]
A lista é de *incipits* dos *Poemas inconjuntos*.

ÍNDICE DOS PRIMEIROS VERSOS

O GUARDADOR DE REBANHOS
Acho tão natural que não se pense, 61
Acordo de noite subitamente, 71
Antes o voo da ave, que passa e não deixa rasto, 70
Ao entardecer, debruçado pela janela, 21
Aquela senhora tem um piano, 37
As bolas de sabão que esta criança, 51
As quatro canções que seguem, 41
Às vezes, em dias de luz perfeita e exata, 52
Bendito seja o mesmo sol de outras terras, 65
Como quem num dia de Verão abre a porta de casa, 48
Como um grande borrão de fogo sujo, 64
Da mais alta janela da minha casa, 76
Da minha aldeia vejo quanto da terra se pode ver do universo..., 28
Deste modo ou daquele modo, 73
E há poetas que são artistas, 63
Esta tarde a trovoada caiu, 22
Eu nunca guardei rebanhos, 17
Há metafísica bastante em não pensar em nada, 24
Leve, leve, muito leve, 39
Li hoje quase duas páginas, 54
Meto-me para dentro, e fecho a janela, 77
Não me importo com as rimas. Raras vezes, 40
Nem sempre sou igual no que digo e escrevo, 55
No entardecer dos dias de Verão, às vezes, 68
No meu prato que mistura de Natureza!, 43
Num dia excessivamente nítido, 75
Num meio-dia de fim de primavera, 29
O luar através dos altos ramos, 62

O luar quando bate na relva, 45
O meu olhar azul como o céu, 49
O meu olhar é nítido como um girassol, 20
O mistério das cousas, onde está ele?, 66
O que nós vemos das cousas são as cousas, 50
O Tejo é mais belo que o rio que corre pela minha aldeia, 46
"Olá, guardador de rebanhos, 36
Ontem à tarde um homem das cidades, 58
Os pastores de Virgílio tocavam avenas e outras cousas, 38
Passa uma borboleta por diante de mim, 67
Passou a diligência pela estrada, e foi-se, 69
Pensar em Deus é desobedecer a Deus, 27
Pobres das flores nos canteiros dos jardins regulares, 60
Quem me dera que a minha vida fosse um carro de bois, 42
Quem me dera que eu fosse o pó da estrada, 44
Se às vezes digo que as flores sorriem, 57
Se eu pudesse trincar a terra toda, 47
Se quiserem que eu tenha um misticismo, está bem, tenho-o, 56
Só a Natureza é divina, e ela não é divina..., 53
Sou um guardador de rebanhos, 35
Um renque de árvores lá longe, lá para a encosta, 72

O PASTOR AMOROSO

Agora que sinto amor, 83
Está alta no céu a lua e é primavera, 82
O amor é uma companhia, 85
O pastor amoroso perdeu o cajado, 88
Passei toda a noite, sem saber dormir, vendo sem espaço a figura dela, 86
Quando eu não te tinha, 81
Talvez quem vê bem não sirva para sentir, 87
Todos os dias agora acordo com alegria e pena, 84

POEMAS INCONJUNTOS

A água chia no púcaro que elevo à boca, 129
A criança que pensa em fadas e acredita nas fadas, 113
A espantosa realidade das coisas, 94

A guerra, que aflige com os seus esquadrões o mundo, 124
A manhã raia. Não: a manhã não raia, 112
A neve pôs uma toalha calada sobre tudo, 161
A noite desce, o calor soçobra um pouco, 118
Ah, querem uma luz melhor que a do sol!, 139
Como uma criança antes de a ensinarem a ser grande, 149
Creio que irei morrer, 115
Criança desconhecida e suja brincando à minha porta, 133
De longe vejo passar no rio um navio..., 114
Deito-me ao comprido na erva, 152
Dizem que em cada coisa uma coisa oculta mora, 158
Dizes-me: tu és mais alguma cousa, 156
Duas horas e meia da madrugada. Acordo, e adormeço, 139
É noite. A noite é muito escura. Numa casa a uma grande distância, 104
É talvez o último dia da minha vida, 165
Então os meus versos têm sentido e o universo não há de ter sentido?, 108
Entre o que vejo de um campo e o que vejo de outro campo, 143
Estou doente. Meus pensamentos começam a estar confusos, 119
Eu queria ter o tempo e o sossego suficientes, 111
Falaram-me em homens, em humanidade, 153
Falas de civilização, e de não dever ser, 105
Gosto do céu porque não creio que ele seja infinito, 147
Gozo os campos sem reparar para eles, 144
Hoje de manhã saí muito cedo, 162
Leram-me hoje S. Francisco de Assis, 109
Medo da morte?, 107
Não basta abrir a janela, 159
Não sei o que é conhecer-me. Não vejo para dentro, 150
Não tenho pressa. Pressa de quê?, 145
Navio que partes para longe, 126
No dia brancamente nublado entristeço quase a medo, 116
Noite de S. João para além do muro do meu quintal, 136
Nunca busquei viver a minha vida, 154
Nunca sei como é que se pode achar um poente triste, 101
O conto antigo da Gata Borralheira, 140
O quê? Valho mais que uma flor, 132

O que ouviu os meus versos disse-me: que tem isso de novo?, 130
O que vale a minha vida? No fim (não sei que fim), 93
O verde do céu azul antes do sol ir a nascer, 148
Ontem o pregador de verdades dele, 131
Para além da curva da estrada, 91
Passar a limpo a Matéria, 92
Pastor do monte, tão longe de mim com as tuas ovelhas –, 138
Patriota? Não: só português, 151
Pétala dobrada para trás da rosa que outros diriam de veludo, 142
Ponham na minha sepultura, 160
Pouco a pouco o campo se alarga e se doura, 127
Pouco me importa, 123
Primeiro prenúncio da trovoada de depois de amanhã, 163
Quando a erva crescer em cima da minha sepultura, 103
Quando está frio no tempo do frio, para mim é como se estivesse agradável, 120
Quando tornar a vir a primavera, 96
Quando vier a primavera, 99
Se eu morrer novo, 97
Se, depois de eu morrer, quiserem escrever a minha biografia, 100
Seja o que for que esteja no centro do mundo, 121
Sempre que penso uma cousa, traio-a, 110
Sim: existo dentro do meu corpo, 146
Também sei fazer conjecturas, 164
Todas as opiniões que há sobre a Natureza, 125
Todas as teorias, todos os poemas, 106
Tu, místico, vês uma significação em todas as cousas, 137
Última estrela a desaparecer antes do dia, 128
Um dia de chuva é tão belo como um dia de sol, 102
Uma gargalhada de rapariga soa do ar da estrada, 135
Verdade, mentira, certeza, incerteza..., 134
Vive, dizes, no presente, 155

FRAGMENTOS
Diferente de tudo, como tudo, 169
E tudo o que se sente diretamente traz palavras suas, 169
Quem tem as flores não precisa de Deus, 169

POEMAS VARIANTES
Aquela senhora tem um piano, 171
Não tenho pressa: não a têm o sol e a lua, 172
Sim, talvez tenham razão, 173

POEMAS DE ATRIBUIÇÃO INCERTA
Aceita o universo, 177
Como por cada gesto que ela faz a Realidade fica mais rica, 176
Era um calor forte, duro, 175

Poemas Inconjunctos
(or Dos)

Pastor do monte, tão longe de mim com
   os teus ovelhos —
Que felicidade é essa que parece ter —
   a tua, ou a minha?
A paz que sinto quando te vejo,
   pertence-me, ou pertence-te?
Não, nem a ti nem a mim, pastor.
Pertence só á felicidade e á paz.
Nem tu a tens, porque não sabes que a tens.
Nem eu a tenho, porque sei que a tenho.
Ella é ella só, e cahe sobre nós como
   o sol,
Que te bate nas costas e te aquece, e
   bate na cara e me offusca, e
   eu só penso no sol.

12-4-1917.

p. 79

UMA APRENDIZAGEM DE DESAPRENDER

LEONARDO FRÓES

Fernando António Nogueira Pessoa estava com 26 anos quando em março de 1914 escreveu os primeiros e mais relevantes poemas atribuídos por ele a Alberto Caeiro – poemas esses inseridos no ciclo intitulado *O guardador de rebanhos*. Como o próprio poeta viria mais tarde a comentar, escreveu-os, vários em poucos dias seguidos, numa espécie de transe ou surto de criação que a ele mesmo causara espanto. Mais de um século depois, o que hoje espanta quem os lê é que os poemas de Caeiro tenham na dicção um frescor que em nada se coaduna com sua datação tão antiga.

Desvinculadas do excesso de adornos que ainda persistia na poesia de seu tempo, resquícios da belle époque, e ignorando por completo as imposições tradicionais de rima, cesura e métrica, as tiradas portentosas desse primeiro dos principais heterônimos de Fernando Pessoa continuam a ser úteis e atuais pelo que tinham e têm de inovador. Não é só a clareza e simplicidade da forma o que tão a fundo impressiona. O "sentimento da Natureza" do qual os poemas de Caeiro brotaram também é algo de suprema importância para a vida que ora passa e seguidamente se perde por trilhar tantos caminhos insanos.

A lição de Caeiro é cristalina. Os humanos, com um peso enorme de conhecimento racional nos ombros, com a visão entorpecida por fórmulas e receituários codificados para tudo, precisam submeter-se a "um estudo profundo", dando-se a "uma aprendizagem de desaprender", para tornarem-se capazes, pelo exercício de sua sensibilidade e de seus próprios potenciais em inanição, de ascender a uma espécie de conhecimento afetivo que lhes permita aceitar e incorporar o que tem existência e nos confronta, porém à margem de nossas categorias e valores. Na contemplação da Natureza, segundo o testemunho de Caeiro, o pensamento se congela, porque pensar, nesse momento, atrapalha, e é também conveniente que nossos sentimentos se mantenham à parte, tendo-se em vista que o que há neles de ilusório e mutável pode contaminar a apreensão do real. "Porque tudo é como é e assim é que é", diz peremptório o poeta, "E eu aceito, e nem agradeço,/ Para não parecer que penso nisso..."

Nisso entretanto se evidencia a possibilidade de um processo de descondicionamento intensivo que remetesse o ser humano à sua nudez primal. Coisas e conclusões a que antes atribuíamos alguma significação producente têm então de cair por terra para que o fato de existirmos em relação às outras partes do mundo se ofereça à visão tal como é – um simples fato que deve ser constatado por nós e a essa altura já nem se constitui num enigma pedindo para ser decifrado. A própria noção de personalidade, que seria, nas funções sociais e no convívio, o grande capital que alguém possui, acaba por diluir-se nas ânsias de concretude que a circundam para passar a ser apenas uma convenção como as outras. Nas criações posteriores de Alberto Caeiro, as que se enfeixam no ciclo dos *Poemas inconjuntos*, há esta passagem que retrata e esclarece a importância do que agora chamamos de descondicionamento:

> *Deito-me ao comprido na erva.*
> *E esqueço tudo quanto me ensinaram.*
> *O que me ensinaram nunca me deu mais calor nem mais frio.*
> *O que me disseram que havia nunca alterou a forma de uma*
>   [*coisa.*
> *O que me aprenderam a ver nunca tocou nos meus olhos.*
> *O que me apontaram nunca estava ali: estava ali só o que ali*
>   [*estava.*

Na aprendizagem às avessas que se impõe, para nos livrarmos da opressão dos conceitos e da exaustiva sobrecarga de ideias, os *Poemas inconjuntos* se resolvem num enérgico tom de negações e afirmações em elos que assumem muitas vezes o aspecto de concisos lembretes em pouquíssimos versos. Não parece o poeta preocupado em orientar-se por preceitos estéticos que teoricamente o conduzissem à obtenção de pérolas raras. Dá-nos apenas a impressão de estar falando do modo mais direto e espontâneo possível, como se a urgência do que tem a dizer prescindisse de qualquer planejamento:

> *Todas as opiniões que há sobre a Natureza*
> *Nunca fizeram crescer uma erva ou nascer uma flor.*
> *Toda a sabedoria a respeito das cousas*

Nunca foi cousa em que pudesse pegar, como nas cousas.
Se a ciência quer ser verdadeira,
Que ciência mais verdadeira que a das cousas sem ciência?
Fecho os olhos e a terra dura sobre que me deito
Tem uma realidade tão real que até as minhas costas a sentem.
Não preciso de raciocínio onde tenho espáduas.

Onde e quando terá Pessoa se encontrado diante de algum cenário verde – fossem matas exuberantes ou campos paradisíacos – que lhe permitisse vivências bem profundas para incutir em Caeiro essa dispensa de raciocínio e o respeito taxativo pela integridade das formas naturais? Eis aí uma pergunta de resposta quase impossível. Poucas vidas de poeta serão tão apagadas, tão desprovidas de grandes acontecimentos notáveis, quanto a desse cultor de um turbilhão de fatos mentais que transcorriam somente, com um pudor dos mais sóbrios e um distanciamento invulgar, nas alamedas do seu interior.

Pouco se sabe dos quase dez anos, de 1896 a 1905, entre os restos da infância e o fim da adolescência, que Fernando António viveu em Durban em companhia da mãe e do padrasto, nomeado cônsul de Portugal nessa cidade da África do Sul. A maior evidência da formação aí consolidada diz respeito ao estudante aplicado como poucos na educação que ele recebeu em inglês e o transformou mais tarde num perfeito escritor bilíngue. Não há porém nenhum indício de que o jovem talvez ensimesmado fosse dado a incursões na Natureza ou a andanças de cunho revelador por cercanias rurais. O mais provável é que durante essa fase seu tempo fosse gasto somente entre as obrigações escolares e o aconchego do lar, sendo ele, como consta, "o menino de sua mãe".

Tão logo retorna a Portugal, a fim de seguir o curso de letras no qual entra em 1905, abandonando-o em 1907, Fernando Pessoa adere à rotina urbana que dentro em breve o situaria como um típico morador de Lisboa. As poucas "páginas dum diário" que ele manteve em 1913 mostram-no sempre a andar displicentemente pelas ruas, indo dos escritórios nos quais trabalhava, a redigir cartas em inglês e francês para firmas comerciais, a fim de se encontrar com amigos na Brasileira do Chiado. Nesse relato objetivo dos seus dias, jamais ocorre qualquer menção a experiências fora da cidade, da qual ele só parece ter saído para ligeiras escapadas a Cascais ou Sintra. Em outra de suas "páginas íntimas", datada, por suposição, de 1914, o poeta escreveu: "Brincar com as ideias e com os sentimentos pareceu-me sempre o destino supremamente belo. Tento realizá-lo quanto posso". Pouco antes, ele havia dito: "Procurei sempre ser espectador da vida, sem me misturar nela". E logo em seguida acrescentou: "Assim como criador de anarquias me pareceu sempre ser o papel digno de um intelectual (dado que a inteligência desintegra e a análise estiola)".

Note-se como ele se aferra a manter o que toma por características de sua própria pessoa, frisando o que *sempre* lhe pareceu, o que *sempre* foi ou quis ser. Apesar disso, um dos numerosos mistérios que pairam em torno de Fernando Pessoa é saber que espetáculos a Natureza lhe deu para levá-lo aos límpidos princípios dos quais germinou com tanta força a poesia campesina de Alberto Caeiro. Contudo, se nos lançarmos ao extremo oposto, o do sensacionismo futurista de Álvaro de Campos, veremos que aí também fica exposto um insondável enigma. A maior parte da poesia desse outro grande heterônimo é nutrida pelo rugir dos motores, pela "promíscua fúria" do progresso, pelos "perfumes de óleos e calores e carvões", o "giro lúbrico e lento dos guindastes", o "tumulto disciplinado das fábricas", a infinda barulheira e mixórdia daquela "flora estupenda, negra, artificial e insaciável" do dinamismo cada vez mais viçoso das grandes cidades europeias, como Paris ou Londres, onde o pobre lisboeta Fernando Pessoa nem sequer pôs os pés.

É forçoso supor então que o poeta, decidido a postar-se como mero espectador, sem experimentar o desejo de se misturar com a vida, pôde no entanto concebê-la, brincando sempre com sentimentos e ideias, e assim foi impelido pelo próprio distanciamento a tornar-se o "criador de anarquias" que afinal se atreveu a descrevê-la, com sua imaginação poderosa, em extremos de paz e de balbúrdia. Daí a necessidade existencial, que bem se entende, de ter uma personalidade de múltiplas e quase inapreensíveis facetas dissolvida numa fraternidade de congêneres para realizar obra de tanto fôlego, de tantas e às vezes tão contraditórias vertentes.

O apego extremado a uma noção de si sempre a mesma, inabalável, como se realmente pudesse haver solidez no amálgama de fluidos que nos faz ser quem somos, é uma atitude que encolhe e muitas vezes cerceia as possibilidades que a vida e seus acasos, ao sabor das circunstâncias, sem mais nem menos põe ao nosso alcance. Tal como expressou em Caeiro uma visão de aceitação da Natureza enquanto entidade autônoma, opondo a objetiva veia bucólica aos gritos triunfais do maquinismo de Campos, o jovem Fernando Pessoa se debruçou com isenção sobre si mesmo, abordando sem temor uma questão de gênero que hoje mais do que nunca passou a ser discutida. A passagem em prosa que tenho em mente também está nas "páginas íntimas", data talvez de 1915 e pede extensa citação:

> Não encontro dificuldade em definir-me: sou um temperamento feminino com uma inteligência masculina. A minha sensibilidade e os movimentos que dela procedem, e é nisso que consistem o temperamento e a sua expressão, são de mulher. As minhas faculdades de relação – a inteligência, e a vontade, que é a inteligência do impulso – são de homem.
>
> Quanto à sensibilidade, quando digo que sempre gostei de ser amado, e nunca de amar, tenho dito tudo. Magoava-me sempre o ser obrigado, por um dever de vulgar reciprocidade – uma lealdade do espírito – a corresponder. Agradava-me a passividade. De atividade, só me aprazia o bastante para estimular, para não deixar esquecer-me, a atividade em amar daquele que me amava.
>
> Reconheço sem ilusão a natureza do fenómeno. É uma inversão sexual fruste. Para no espírito. Sempre, porém, nos momentos de meditação sobre mim, me inquietou, não tive nunca a certeza, nem a tenho ainda, de que essa disposição do temperamento não pudesse um dia descer-me ao corpo. Não digo que praticasse então a sexualidade correspondente a esse impulso; mas bastava o desejo para me humilhar.

"Sentir tudo de todas as maneiras" é um dos lemas mais famosos do português que se agigantou em Lisboa, quando a Europa imergia às cegas num horripilante banho de sangue, como um poeta de originalidade sem par. Sob esse prisma, em vão procuraríamos, nas línguas ocidentais usadas com mais brilho e constância para a expressão literária, algum autor que a ele se comparasse no período. Mas já então os meandros da personalidade, construção tão efêmera e evanescente, e as tramas urdidas pela Natureza, entidade que se especializa na realização de prodígios, por toda parte induziam muitas pessoas a recorrer a meios não ortodoxos, fora das vias do racionalismo impotente e das religiões dominantes, para tentar entender de alguma forma a manifestação dos fenômenos. A essa hipótese de haver saídas de emergência para a compreensão humana bloqueada, Caeiro iria contrapor os rigores do seu objetivismo desnudo: "Tu, místico, vês uma significação em todas as cousas", exclama ele. E especifica quão diversa era a postura que assumia: "Para mim, graças a ter olhos só para ver,/ Eu vejo ausência de significação em todas as cousas".

Nas notas rabiscadas de seus escritos íntimos, várias vezes Pessoa deu a entender que sua fertilidade criadora não estava atrelada a quaisquer empuxos exóticos, como se temesse ser acusado de místico por jamais ter se enquadrado de todo nos cânones racionais. Não obstante, ele participou de sessões espíritas, na casa de uma tia de Lisboa com a qual morou algum tempo; traçou horóscopos à larga, muitos descobertos depois em seus baús de guardados; pensou até, num momento de aperto, em profissionalizar-se como astrólogo, ideia que não se concretizou; e traduziu numerosos livros de ocultismo, dois dos quais de Annie Besant, a inglesa polivalente que se tornara então muito famosa por propagar a teosofia, o feminismo e o socialismo, além de realizar a proeza de ser aceita como membro de uma fraternidade de homens, a maçonaria. É bem provável que essas traduções fossem feitas apenas para ganhar uns trocados, mas nem por isso se anula a hipótese de que na alma de Pessoa tivessem se entranhado resíduos dos muitos textos ocultistas que lhe passaram pelas mãos.

Um dos primeiros norte-americanos a se mostrar receptivo às tradições espirituais do Oriente e a escrever sobre elas, com conhecimento do assunto e simpatia, foi curiosamente um católico. Enclausurado em seu mosteiro no Kentucky, de onde saiu raras vezes, o trapista Thomas Merton foi também dos primeiros a demonstrar interesse em seu país pela poesia de Fernando Pessoa. Merton se formou em Columbia e pensou a princípio em se fazer romancista. Em vez disso se fez monge, mas nem mesmo no rigor da clausura desistiu de escrever. Lançada em 1948, sua autobiografia precoce, *A montanha dos sete patamares*, tendo feito sucesso em todo o mundo, permitiu-lhe publicar em seguida dezenas e dezenas de títulos. Além de explorar temas cristãos, ele também se posicionou a favor de causas progressistas, como as do pacifismo, e tentou ver equivalências, estando então o ecumenismo em alta, entre os princípios de sua fé e os de figuras orientais como Gandhi, Chuang Tzu e os mestres zen.

Em 1964, o grande divulgador do zen-budismo no Ocidente, Daisetz Teitaro Suzuki, já com 94 anos, viajou do Japão a Nova York para estar com amigos. Convidado a ir vê-lo em Manhattan, a duras penas Merton obteve permissão do abade para fazer a viagem e participar desse encontro. Pouco depois, em 20 de junho daquele ano, ele registrou no diário que manteve por toda a vida as conversas travadas com o velho mestre: "Assim pois eu me sentei com Suzuki, no sofá, e falamos de todo tipo de coisas relacionadas ao zen e à vida. Ele leu para mim trechos de um texto chinês – histórias familiares. E eu traduzi para ele, partindo da versão de Octavio Paz em espanhol, trechos de Fernando Pessoa. (Em especial 'Graças a Deus eu não sou bom!' – 'Isso é tão importante', disse Suzuki com grande emoção)". Em 16 de fevereiro de 1965, o diário de Merton nos informa que ele "estava no meio da tradução de uns poemas de Pessoa para Suzuki", com os quais retribuiria uma caligrafia do mestre que ganhou de presente.

Alberto Caeiro, nos termos em que foi inventado por Pessoa, levou uma vida simples no campo, embora tenha nascido em Lisboa, e seria um homem rústico que não dispunha de nenhuma formação literária. Apesar disso, o próprio Pessoa iria assegurar, em carta de 1933 a João Gaspar Simões, seu futuro biógrafo, que a obra desse heterônimo tosco era o que de melhor ele tinha feito, "porque procede de um grau e tipo de inspiração (passe a palavra, por ser aqui exata) que excede o que eu racionalmente poderia gerar dentro de mim".

De há muito a caça às influências é prática disseminada nos estudos sobre a invenção literária, permitindo vislumbres esclarecedores no tocante às marcas às vezes tão sutis que um autor deixou sobre outro. Por mais relevante que seja esse filão, não menos esclarecedor é notar que podem ocorrer convergências de espírito ou de forma entre poetas e prosadores separados não só por suas línguas, como também pela passagem de etapas seculares de tempo. Vista como manifestação da espécie, e não apenas como produto dos que a adotaram como ofício, a literatura, ou melhor, a generalizada opção pela escrita, tem permitido em incontáveis momentos que enfoques semelhantes se revelem a almas que nunca se tocaram. A poesia de Caeiro, nascida do despojamento mental de um homem simples, abre-nos para a celebração do instante que passa. Está além do alcance da razão, quando diz, por exemplo, "O meu misticismo é não querer saber", e volta e meia tem o corte brusco e incisivo do *koan* de um mestre zen. Mesmo se admitirmos que suas traduções e ocupações ocultistas tenham despertado o interesse de Fernando Pessoa por lados não tão notórios da vida, faltam-nos indícios concretos de que ele se impregnasse, por leituras, de abordagens originárias da antiga Ásia, as quais de resto em sua época ainda penetravam na Europa de maneira bem fragmentária e esporádica. Mas a obra de Caeiro é uma demonstração persuasiva de que Pessoa nos deixa ver que nessa poesia crua, a menos cerebral e a mais orgânica de suas discrepantes dicções, espelha-se por simples convergência de posturas um leve toque à oriental.

É tão só para enfatizar como a convergência entre textos é algo por demais plausível que encontro alguns paralelos para a obra de Caeiro na bela e fértil tradição poética associada ao sufismo, cujos resultados mais notáveis surgiram séculos antes de Fernando Pessoa. Pouco se sabe a respeito de Kabir, sabendo-se contudo que ele era um tecelão iletrado, nasceu no norte da Índia e passou a maior parte da vida, durante o século xv, em Varanasi ou Benares. Por toda a região desse poeta do povo já era habitual àquela altura da história um forte sincretismo entre hinduísmo e islamismo, que se cristalizou em muitas seitas mescladas e perdurou pelos tempos. Filho de um brâmane, segundo as urdiduras da lenda, Kabir perdeu o pai muito cedo. Empobrecida, sua mãe não teve como criá-lo e entregou-o a um casal de muçulmanos. Com o pai adotivo ele teria aprendido a trabalhar no tear, só interrompendo a produção de tecidos para alçar-se, como se em transe, à manifestação oral de seus versos. Não existe uma obra escrita por Kabir, confiável, homogênea e fiel ao que ele mesmo há de ter querido dizer, porque esses versos foram recuperados a partir de versões feitas, em diversos momentos e em mais de uma dezena de línguas, por seus discípulos ou seguidores. Apesar disso, salta aos olhos no que hoje se conserva de suas inspiradas canções que o poeta tecelão se voltava, assim como Caeiro se desveste da razão do Ocidente, contra o excesso de intelectualismo apontado por ele nos ensinamentos e dogmas das duas religiões em meio às quais se formou. Também como Caeiro, ou como seu predecessor Rûmî, Kabir procede muitas vezes por negações encadeadas para atingir seu escopo. Assim é o que se vê num poema dele, na versão brasileira de José Tadeu Arantes:

Não sou piedoso nem ímpio,
Não sigo a lei nem os sentidos.

Não sou falante nem ouvinte,
Não estou perto nem distante.

Não sou senhor nem escravo,
Não quero o céu nem o inferno.

Faço qualquer tipo de trabalho,
Mas não me atenho ao que faço.

Poucos entendem o meu modo.
Quem entende, senta-se imóvel.

Na prolífica vertente relacionada ao sufismo e seus dervixes, o mais famoso predecessor de Kabir escreveu em persa uma obra monumental, catalogada em 3229 odes e 34 662 dísticos, que há séculos vem sendo traduzida numa infinidade de línguas. Nascido em 1207 no Khorassan, atual Afeganistão, Djalal ad-Dîn Rûmî, o "calígrafo da Natureza", como já foi chamado, morreu em Konya, na Turquia, em 1273. "Por sentir dentro de si o apelo do Nada, Rûmî se declara além do nome, dos elementos, do espaço-tempo", como escreveu seu tradutor Marco Lucchesi: "não se perde em pura abstração e não desiste da vida para falar da vida. Não há nele essa contradição. Não se vê uma nesga de melancolia ao celebrar o ultralógico, o campo do olhar e o milagre do amor".

Diz-nos por sua vez o próprio poeta persa: "Sigo buscando a fonte da doçura/ acima do sublime entendimento". Em outra de muitas preciosas passagens ocorre-lhe fazer esta simples, prudente e útil recomendação: "Procurai ser melhores que as palavras./ Pois o silêncio é anterior ao *faça-se*". Se enveredarmos pelo "campo do olhar" e o "ultralógico", expressões tão felizes de Lucchesi, poderemos admitir sem grande esforço que a nítida convergência de atitudes, proposta antes, mais uma vez nos faz lembrar que a poesia anti-intelectualista de Alberto Caeiro correu em raias similares. É por negar as limitações acabrunhantes, meras imposições do automatismo mental que nos condiciona, que esses grandes poetas de vozes tão pessoais parecem agregar-se além do tempo e das línguas para indicar-nos de modo convincente e coeso que o leque das possibilidades humanas nunca para de abrir-se, se caírem os véus que as prejudicam. Kabir e Caeiro, que entraram em cena tão depois de Rûmî, não obstante estariam capacitados a sentir junto com ele o alcance extraordinário deste poema do afegão-persa, aqui citado na íntegra numa das belas e eruditas traduções de Marco Lucchesi:

> *O que fazer, se não me reconheço?*
> *Não sou cristão, judeu ou muçulmano.*
>
> *Se já não sou do Ocidente ou do Oriente,*
> *Não sou das minas, da terra ou do céu.*

Não sou feito de terra, água, ar ou fogo;
Não sou do Empíreo, do Ser ou da Essência.

Nem da China, da Índia ou Saxônia,
Da Bulgária, do Iraque ou Khorassan.

Não sou do paraíso ou deste mundo,
Não sou de Adão e Eva, nem do Hades.

O meu lugar é sempre o não lugar,
Não sou do corpo, da alma, sou do Amado.

O mundo é apenas Um, venci o Dois.
Sigo a cantar e a buscar sempre o Um.

"Primeiro e último, de dentro e fora,
Eu canto e reconheço aquele que É."

Ébrio de amor, não sei de céu e terra.
Não passo do mais puro libertino.

Se houver passado um dia em minha vida
Sem ti, eu desse dia me arrependo.

Se pudesse passar um só instante
Contigo, eu dançaria nos dois mundos.

Shams de Tabriz, vou ébrio pelo mundo
E beijo com meus lábios a loucura.

Qualquer montinho de terra que você pegue na mão pode conter um aglomerado de milhares de seres elementais, de formas de vida em mutação ou de microrganismos que a ciência classifica e nomeia como bactérias, vírus, fungos, protozoários, embora nem sempre consiga apreendê-los sob o foco obstinado de suas lentes possantes. Assim é a vida, e só assim, ampliando nos detalhes ou nas mais vastas lonjuras nosso campo do olhar, podemos absorvê-la de fato com admiração e respeito. Se chegarmos a nos esquecer de nós mesmos, tanto melhor. Em seu livro *Memórias, sonhos, reflexões*, traduzido pela poeta Dora Ferreira da Silva, o psicanalista Carl Gustav Jung se lembra de uma pedra, "a sua pedra", com a qual manteve uma relação muito íntima, sendo ainda menino. A propósito, ele nos conta: "Às vezes, quando estava só, sentava-me nela e então começava um jogo de pensamentos que seguia mais ou menos este curso: 'Eu estou sentado nesta pedra. Eu, em cima, ela, embaixo'. Mas a pedra também poderia dizer 'eu' e pensar: 'Eu estou aqui, neste declive, e ele está sentado em cima de mim'. Surgia então a pergunta: 'Sou aquele que está sentado na pedra, ou sou a pedra na qual *ele* está sentado?'".

Como tanto nos empenhamos em falar de convergências, vale a pena trazer mais uma à baila. Antigamente, na velha China antes de Cristo, o filósofo Chuang Tzu sonhou que era uma borboleta. Mas acordou muito confuso, sem saber se ele era um homem que tinha sonhado ser borboleta ou se era uma borboleta que sonhava ser homem.

REFERÊNCIAS

CHUANG TZU. *Literato, filosofo y místico taoista*. Edição bilíngue, chinês-espanhol. Trad., intr. e análise de Carmelo Elorduy. S.J. Caracas: Monte Avila Editores, 1972.

JUNG, Carl Gustav. *Memórias, sonhos, reflexões*. Trad. de Dora Ferreira da Silva. Rio de Janeiro: Nova Fronteira, 1975.

KABIR. *Cem poemas*. Versão brasileira (baseada na tradução do bengali para o inglês por Rabindranath Tagore), intr. e notas de José Tadeu Arantes. São Paulo: Attar Editorial, 2019.

_____. *Au cabaret de l'amour*. Trad. do híndi, intr. e notas de Charlotte Vaudeville. Paris: Gallimard, 1959.

MERTON, Thomas. *Merton na intimidade: Sua vida em seus diários*. Trad. de Leonardo Fróes. Rio de Janeiro: Fisus, 2001.

_____. *A montanha dos sete patamares*. Trad. de José Geraldo Vieira. São Paulo/Rio de Janeiro: Mérito, 1959.

PESSOA, Fernando. *Poesia completa de Alberto Caeiro*. Ed., posfácios e notas de Fernando Cabral Martins e Richard Zenith. São Paulo: Companhia das Letras, 2019.

_____. *Poemas de Álvaro de Campos*. Fixação do texto, intr. e notas de Cleonice Berardinelli. Rio de Janeiro: Nova Fronteira, 1999.

_____. *Páginas íntimas e de autointerpretação*. Textos estabelecidos e prefaciados por Jacinto Prado Coelho e Georg Rudolf Lind. Lisboa: Ática, 1966.

RÛMÎ. *A sombra do amado: Poemas de Rûmî*. Trad., intr. e notas de Marco Lucchesi. Rio de Janeiro: Fisus, 2000.

_____. *Mystical poems of Rumi 1: First selection, poems 1-200*. Trad. do persa, intr. e notas de A. J. Arberry. Chicago: The University of Chicago Press, 1991.

_____. *Mystical poems of Rumi 2: Second selection, poems 201-400*. Trad. do persa, intr. e notas de A. J. Arberry. Chicago: The University of Chicago Press, 1991.

SIMÕES, João Gaspar. *Vida e obra de Fernando Pessoa: História duma geração*. Lisboa: Livraria Bertrand, 1950.

CAEIRO TRIUNFAL

RICHARD ZENITH

Numa carta a Pessoa datada de 18 de julho de 1914, Mário de Sá-Carneiro, que então vivia em Paris, mostrou curiosidade em conhecer os escritos do "mano Reis"[1] sobre "Caeiro & Cª", expressão que talvez tenha inspirado aquela outra – "Fernando Pessoa & Cª Heterônima" – com que Jorge de Sena tão bem definiu o espírito plural e até empresarial desse poeta ainda em expansão. Na verdade, as duas designações são sinônimos da mesma empresa, da qual Caeiro era sede e matriz. É de supor que Sá-Carneiro não tivesse propriamente uma *empresa* em mente, querendo a sua expressão dizer algo como "Caeiro e os seus colegas (Reis e Campos)", mas não é impossível que ele, a quem Pessoa considerava "o meu maior e mais íntimo amigo",[2] tenha intuído a importância cabal desse jogo audacioso.

Sabemos hoje que a heteronímia não foi um mero artifício literário – como foram os *alter egos* de Yeats, Pound, Valéry ou Machado – mas sim um fenômeno enraizado na psicologia do autor, que já em criança se desdobrava noutras personalidades, sendo Charles Robert Anon e Alexander Search os seus primeiros verdadeiros heterônimos. Mas a criação de Caeiro marcou uma viragem. Num trecho escrito para concluir o seu *Regresso dos deuses* Antônio Mora afirma: "De Caeiro porém nasce tudo. Nele o futuro está todo, como a árvore na semente". E termina o trecho com uma exortação profética: "Alegrai-vos, todos quantos gemeis nas prisões e nas celas. O Grande Pã renasceu!".[3] Este parto divino, também anunciado – quase com as mesmas palavras – no prefácio de Ricardo Reis para os poemas de Caeiro, teria supostamente acontecido em 8 de março de 1914, dia a que Pessoa chamaria, numa carta escrita 21 anos depois, "o dia triunfal da minha vida". Um dia de revelação e revolução. Tanto Reis como Campos reconheceram em Caeiro o seu "grande Libertador" e o engenheiro conta, nas *Notas para a recordação do meu Mestre Caeiro*, que o próprio Pessoa "teve naquele momento – também ele – a sua libertação", pois "há qualquer coisa de diferente" em todos os poemas ortônimos "posteriores a 8 de março de 1914".[4]

Alargando o alcance de uma expressão utilizada por Teresa Rita Lopes a respeito de Álvaro de Campos, podemos dizer que no universo de Pessoa o tempo se dividiu em duas eras: Antes de Caeiro e Depois de Caeiro. Mas, apesar da importância cósmica atribuída ao evento, o nascimento do pastor foi confessadamente lúdico. É que Pessoa, segundo contou a Adolfo Casais Monteiro na referida carta, se lembrou um dia "de fazer uma partida ao Sá-Carneiro – de inventar um poeta bucólico, de espécie complicada, e apresentar--lho [...] em qualquer espécie de realidade". Evidentemente. O nome *Caeiro* é, por assim dizer, *Carneiro* sem a carne, para um pastor cujos carneiros foram espiritualizados em pensamentos ("Minha alma é como um pastor"... "O rebanho é os meus pensamentos"...). Uma boa partida, e uma elevada homenagem. Mas Sá-Carneiro não ligou ou não percebeu. Alberto Caeiro, ainda por cima, sequer foi o heterônimo de que mais gostou. "Saudades ao nosso Caeiro", escreve em 15 de junho de 1914, duas semanas depois de regressar a Paris, ido de Lisboa, mas em cartas subsequentes diz simpatizar "singularmente" com Álvaro de Campos, cujas produções "vão ser das coisas maiores" de Pessoa, e fala da "maravilha de impessoalidade" conseguida nas odes de Ricardo Reis, melhor do que em Caeiro, em quem "ainda ressumava de vez em quando Mestre Fernando Pessoa".[5]

Pessoa, porém, não tinha dúvidas sobre quem era o Mestre e qual o seu destino. Numa carta escrita a Armando Côrtes--Rodrigues em 2 de setembro de 1914, garantiu que "se há parte da minha obra que tenha um 'cunho de sinceridade', essa parte é... a obra do Caeiro". Quinze dias depois escreveu um poema "in-conjunto", em que Caeiro contempla o fim da sua vida e prevê que Deus "fará de mim uma nova espécie de santo". Como para facilitar a sua canonização, Pessoa "matou" o santo guardador em 1915. "Morre jovem o que os Deuses amam" escreveu na sua homenagem a Sá-Carneiro publicada em 1924, e oferece, pela boca de Ricardo Reis, a mesma explicação para o desaparecimento prematuro do "revelador da Realidade":

> *Morreste jovem, como os deuses querem*
> *Quando amam.*[6]

Mas Caeiro, segundo outros versos ricardianos que lhe são dedicados, não morreu apenas para se ir juntar aos deuses:

> *Jovem morreste, porque regressaste,*
> *Ó deus inconsciente, onde teus pares*
>   *De após Cronos te esperam*
>   *Ressuscitador deles.*[7]

Nasceu, assim, o Neopaganismo, cujos adeptos tomaram como Mestre o endeusado Caeiro, embora este, na sua única entrevista, se tenha declarado "perfeitamente e constantemente ateu e materialista". O paradoxo é explicável: "O meu mestre Caeiro," escreveu Campos nas suas *Notas*, "não era um pagão: era o paganismo".[8] "Foi o Paganismo Absoluto" confirma Reis num dos trechos do seu Prefácio à poesia caeiriana, e numa outra passagem elucida:

> Para Caeiro, objetivista absoluto, os próprios deuses pagãos eram uma deformação do paganismo. Objetivista abstrato, os deuses já eram a mais no seu objetivismo. Ele bem via que eles eram feitos à imagem e semelhança das cousas materiais; mas não eram as cousas materiais, e isso lhe bastava para que nada fossem.[9]

O pseudopastor, na sua pseudoingenuidade, recusa ver mais nas coisas que as próprias coisas, sendo conveniente recordar, quando lemos os poemas, que há (citando ainda Reis) "uma tendência crescente (adentro de *O guardador de rebanhos*) para o objetivismo absoluto". *O guardador* é, em boa verdade, um só poema, construído em torno de "aquela frase culminante" – "A Natureza é partes sem um todo" – onde o objetivismo "vai até à sua conclusão fatal e última, a negação de um Todo, que a experiência dos sentidos não autoriza sem a intromissão, para o caso externa, do pensamento".[10] Se esse verso essencial legitima de certa forma o politeísmo, com a sua visão plural da realidade, também o transcende. Segundo um outro trecho do Prefácio de Reis, Caeiro é "o imortal reconstrutor não do paganismo, mas daquele sentimento objetivo do universo que é o que deu vida, sangue e poder a todas as manifestações da ideologia pagã".[11] Estamos, de algum modo, além de todos os teísmos.

Ricardo Reis e Antônio Mora pregavam o paganismo (com e sem "Neo"), Álvaro de Campos celebrava o "Sensacionismo", e todos se confessavam discípulos de Caeiro, para quem paganismo e Sensacionismo eram, no fundo, a mesma coisa: a percepção direta e imediata da realidade. O heterônimo Thomas Crosse, escrevendo para o público inglês, notou que "a pure and integral sensationist like Caeiro has, logically enough, no religion at all, religion not being among the immediate data of pure and direct sensation".[12] Não tem religião porque é a própria religiosidade, o estado de graça que é o contato direto com as coisas. Por isso Caeiro foi definido como "an atheist St. Francis of Assisi".[13] "A Natureza é partes sem um todo" é o 15º verso do poema (*Guardador* XLVII) que começa "Num dia excessivamente nítido", que talvez tenha sido aquele dia triunfal. De qualquer maneira, foi em Caeiro que Pessoa conseguiu, tanto quanto lhe foi possível, conciliar o seu "espírito religioso" (que refere numa carta a Côrtes-Rodrigues escrita em janeiro de 1915) com o seu profundo ceticismo.

Pela clamorosa voz de Álvaro de Campos, dedicado a "sentir tudo de todas as maneiras", o Sensacionismo fez eco e até estrondo no meio literário português. Às suas odes – a "Triunfal" e a "Marítima" – publicadas em *Orpheu* (1915) seguiu-se o *Ultimatum* (1917), que era para ser um manifesto do Sensacionismo, movimento que convivia com o Interseccionismo e acabaria por suplantá-lo. Sob o seu próprio nome, Pessoa publicou os poemas interseccionistas *Chuva oblíqua* (em *Orpheu*) e um texto crítico intitulado "Movimento Sensacionista" (1916). Esses movimentos foram aceites e os seus princípios aplicados pelos companheiros de Pessoa. Mas de Alberto Caeiro, o suposto fundador e chefe do Sensacionismo,[14] nada foi publicado nem o seu nome referido.

O Neopaganismo, ao contrário do Sensacionismo, manteve-se clandestino. Antônio Mora, Ricardo Reis e Pessoa ortônimo foram projetando e escrevendo artigos, opúsculos e monografias sobre esse vasto tema, nos quais se destacava o papel central de Caeiro, o "arauto do regresso dos deuses",[15] mas, embora uma das *Notas* de Campos publicadas na *presença* em 1931 mencione o paganismo de Mora e Reis, os muitos escritos apologéticos deles ficaram na gaveta. O mesmo aconteceu a uma série de textos – em português e inglês – destinados a promover Caeiro e a sua obra diretamente, sem o aparato neopaganista.

No rol de material publicitário efetivamente elaborado inclui-se a já referida entrevista que Caeiro teria supostamente dado em Vigo; um longo artigo a seu respeito que Pessoa pensou publicar em *A Águia*, do Porto, ainda em 1914; vários artigos em inglês destinados a *T.P.'s Weekly*, *Academy*, *Athenaeum* e outras revistas e jornais ingleses da época; um "Translator's Preface" assinado por Thomas Crosse; o início de um artigo de I. I. Crosse, presumível irmão de Thomas, que nesse caso, sim, deveria falar de paganismo ("Caeiro and the Pagan Reaction"); e vários trechos avulsos e anônimos elogiando Caeiro ora em português, ora em inglês, chegando as duas línguas a conviver por vezes na mesma página, como quando, depois do apontamento inicial "Curioso que, mesmo quando [Caeiro] se repete, consegue ser diverso", se passa a outras considerações expressas em inglês, de que esta é exemplo: "Caeiro is the only poet of Nature. In a sense he is Nature: he is Nature speaking and being vocal".[16]

Os ambiciosos planos para lançar Caeiro iam, como era costume em Pessoa, bem mais longe do que foi efetivamente realizado. Previam-se artigos a cargo de amigos como Sá-Carneiro e Côrtes--Rodrigues para vários jornais portugueses, para o *Mercure de France* e ainda para a imprensa espanhola, italiana e alemã. *O guardador de rebanhos* deveria sair em francês sob o título *Le Gardien des troupeaux* (acompanhado de um prefácio) e em inglês com o título *The Keeper of Sheep* (para o qual Thomas Crosse chegou a traduzir alguns versos do XXXIV poema, tendo citado versos de outros poemas – em inglês – no seu extenso prefácio).[17] E tudo isso em segredo, sendo a existência de Caeiro revelada apenas a alguns privilegiados do grupo do *Orpheu*, em cujas páginas, porém, Pessoa nunca tencionou publicar coisa alguma do Mestre (de Reis, sim,[18] mas ficou-se pela intenção). O nome de Caeiro aparece no projeto fugaz de uma outra revista daqueles anos e Pessoa, segundo um plano literário que datará de 1916, pretendia publicar *O guardador de rebanhos* na sua totalidade já em 1917,[19] mas mudou de ideia, preferindo custear – em 1918 – a edição de alguns dos seus versos em inglês (*Antinous* e *35 Sonnets*). Guardou para si o guardador, como uma pessoa que durante anos guarda em segredo um grande amor, seja por recear que este não seja retribuído ou compreendido, seja por sentir que o fato de amar é suficiente em si mesmo. Que Caeiro era *top secret* confirmam-no vários indícios, entre os quais uma comunicação astral recebida em 1916 ou 1917, num momento em que Pessoa era grande entusiasta da escrita automática. Nessa missiva Henry More, o seu mais assíduo correspondente do além, avisa Pessoa que Luiz de Montalvor (camarada do *Orpheu* e um dos primeiros editores póstumos de Pessoa) podia fazer-lhe mal, revelando o segredo de Caeiro e o dos "outros" – nomeadamente Antônio Mora e Ricardo Reis – de modo que "you may not make your success with Caeiro etc.".[20] Pessoa, sozinho, foi vivendo, esperançoso, a sua paixão e ambição em relação ao pastor, escrevendo mais versos em seu nome e, sobretudo, mais textos críticos, cuja quantidade ameaçou fazer sombra aos próprios poemas.

Até que em 1925, onze anos depois do "aparecimento" em Pessoa do seu "mestre" (segundo as palavras escritas a Casais Monteiro dez anos mais tarde), Caeiro finalmente veio a público, numa forma e num formato escolhidos por Pessoa, pois a revelação fez-se na sua própria revista, *Athena*.[21] Em alguns projetos para a revista deixados por Pessoa, Antônio Mora deveria ser um colaborador importante, ou mesmo o diretor, escrevendo (entre outros temas) sobre o Neopaganismo,[22] mas afinal tanto o movimento como o seu teorizador ficaram de fora. Por outro lado, a mais alta expressão do novo paganismo – a poesia de Alberto Caeiro e Ricardo Reis – publicou-se ali em abundância e com um esmero arquitetural. Tracemos o plano do monumento que se foi criando em *Athena*...

Foi o classicista que se revelou primeiro, no número inaugural, com um conjunto de vinte odes, sendo a primeira delas – "Seguro assento na coluna firme/ Dos versos em que fico" – já indicativa não só do projeto imediato mas do programa geral de Pessoa. Significativa também é a XIVª ode, dedicada a Caeiro embora a epígrafe patente no manuscrito, *Ad Caeiri manes magistri*, não tenha passado para a revista, uma vez que o *magister* ainda não era conhecido. O segundo número, publicado, como o primeiro, em 1924, abria com "Os últimos poemas de Mário de Sá-Carneiro", acompanhados pela supracitada homenagem de Pessoa, muito atrasada para se referir à morte do amigo que se suicidara em 1916, mas muito oportuna para o nascimento de Alberto Caeiro. No terceiro número surge Campos (que já tinha colaborado no número anterior) com os seus "Apontamentos para uma estética não aristotélica", um sofisticado derivado do Sensacionismo que propõe uma estética baseada na força (íntima, da personalidade) em vez da beleza e, como corolário, uma arte baseada na sensibilidade em vez da inteligência. A segunda metade dos "Apontamentos" sai no número quatro da *Athena* e conclui, depois de muitas elucubrações, com a categórica afirmação de que "até hoje [...] só houve três verdadeiras manifestações de arte não aristotélica. A primeira está nos assombrosos poemas de Walt Whitman; a segunda está nos poemas mais que assombrosos do meu mestre Caeiro; a terceira está nas duas odes – a *Ode triunfal* e a *Ode marítima* – que publiquei no *Orpheu*. Não pergunto se isto é imodéstia. Afirmo que é verdade". Voltaremos a falar dessa importantíssima trindade. Reparemos, por enquanto, nessa primeira alusão pública a Caeiro na sua capacidade de mestre. Foi no mesmo número da revista, logo antes do artigo de Campos, que se publicou a primeira "Escolha de Poemas de Alberto Caeiro", que consistiu em 23 composições de *O guardador de rebanhos*. Uma segunda "Escolha", composta de dezesseis *Poemas inconjuntos*, saiu no quinto e último número da revista.

Ninguém reagiu. "*O guardador de rebanhos* é uma das grandes obras líricas de todos os tempos e todos os países", comentou um jornalista inventado por Pessoa anos antes,[23] mas nenhum jornalista real noticiou a publicação de quase metade dessa obra na *Athena*. Nem na correspondência de Pessoa encontramos referências a esse acontecimento. Francisco Costa (1900-88), que contribuiu com um conjunto de sonetos para o quinto número da revista, escreveu-lhe uma longa carta em julho de 1925, elogiando muito a sua tradução de *O corvo* de Poe publicada no primeiro número e a de um conto de O. Henry saída no último, mas nem se referiu aos poemas de Caeiro.

Pessoa, que depositara em Alberto Caeiro a maior parte da fé que tinha no seu próprio gênio literário, não vacilou. Se os outros não viam ou não percebiam, o problema era deles. Embora escritas muito antes, no artigo para *A Águia* que ficou na gaveta, as seguintes palavras ainda refletiam a opinião de Pessoa: "Alberto Caeiro é um dos maiores poetas da nossa época e da nossa terra. Só uma incompreensão da magnitude e originalidade da sua obra, ou uma aversão idiota por ela, podem esconder isto a qualquer pessoa competente para ter opiniões críticas". Sentindo a derrota e talvez pressentindo já a morte no horizonte (porventura sugerida pelo falecimento da mãe em 1925), Pessoa escreveu, em janeiro de 1927, a *Ode mortal*, em que Álvaro de Campos evoca o exemplo de Caeiro para tomar coragem perante o seu fim inevitável. Um ano mais tarde, no mês de abril, Pessoa-Campos voltou a evocar o seu mestre no belo poema que começa "Mestre, meu mestre querido!". Não era, todavia, para o louvar, mas sim para se queixar, era o crente num momento de fraqueza e dúvida, lamentando-se no estilo do Salmista da Bíblia:

> *Mestre, só seria como tu se tivesse sido tu.*
> *Que triste a grande hora alegre em que primeiro te ouvi!*
> [...]
> *... mas por que é que ensinaste a clareza da vista,*
> *Se não me podias ensinar a ter a alma com que a ver clara?*
> [...]
> *Por que é que me acordaste para a sensação e a nova alma,*
> *Se eu não saberei sentir, se a minha alma é de sempre a minha?*

Mas Mestre era e Mestre ficou para o engenheiro, que se aplicou, a partir de 1929 ou 1930, na escrita das copiosas *Notas para a recordação do meu Mestre Caeiro*, que são as páginas mais sublimes que alguém da "família" Pessoa alguma vez redigiu a seu respeito. Num "complemento verdadeiro e histérico" ao seu famoso relato a Casais Monteiro (na sua carta de 13 de janeiro de 1935), Pessoa jurou que chorara "lágrimas verdadeiras" ao escrever certos passos das *Notas*. Cinco destas tinham sido publicadas no mesmo número da *presença* que revelou o Menino Jesus regressado à Terra, no oitavo poema de *O guardador*.

Os jovens da *presença*, esses sim, reconheceram o gênio de Pessoa nas suas variadas vertentes. Escreveram sobre a sua obra e deixaram-no publicar à vontade na revista. Até queriam publicar um livro da sua poesia, à escolha de Pessoa, que optou por *O guardador de rebanhos*, decisão tomada em fevereiro de 1933 e comunicada numa carta a João Gaspar Simões. Em 11 de abril do mesmo ano prometeu ao seu futuro biógrafo que este receberia *O guardador* passado a limpo na semana seguinte. No dia 1º de julho, também em carta a Gaspar Simões, perguntou: "E até quando posso eu enviar-lhe o original de *O guardador de rebanhos*?". Contudo, não se referiu mais ao assunto. Nas duas cartas que escreveu, em janeiro de 1935, a um dos outros diretores da *presença*, Casais Monteiro, Pessoa (que entretanto tinha publicado a *Mensagem*) manifestou a intenção de publicar o *Cancioneiro*, do Pessoa-ortônimo, antes da poesia heterônima, por achar que esta não venderia. Talvez receasse a mesma falta de reação com que deparara quando da estreia na *Athena* de Reis e Caeiro. Quanto ao valor literário deste último, porém, Pessoa não devia ter alterado o juízo que exprimiu a Gaspar Simões na sua carta de 25 de fevereiro de 1933, onde considera *O guardador de rebanhos* "o melhor que eu tenho feito – obra que, ainda que eu escrevesse outra *Ilíada*, não poderia, num certo íntimo sentido, jamais igualar, porque procede de um grau e tipo de inspiração (passe a palavra, por ser aqui exata) que excede o que eu racionalmente poderia gerar dentro de mim, o que nunca é verdade das *Ilíadas*". Por outras palavras, Caeiro triunfou sobre a racionalidade do autor, tendo chegado ao seu espírito por vias não aristotélicas, num clarão que o deixou para sempre deslumbrado.

O triunfo exterior – a conquista do público – só chegou depois da morte de Pessoa, em conformidade com a sua teoria da celebridade delineada no ensaio *Heróstrato*. Mas era impossível que não chegasse. No seu Prefácio a Caeiro, que permaneceu totalmente inédito até 1960,[24] Ricardo Reis avisou: "A sua obra é a maior obra que alma portuguesa tem feito. Se estas palavras vos parecem estranhas, cuidai bem que falo do futuro...". E numa outra passagem: "Alberto Caeiro é, cremos, o maior poeta do século XX [...]. Viveu e passou obscuro e desconhecido. É esse (dizem os ocultistas) o distintivo dos Mestres".[25] Essa alusão ao mundo oculto é significativa, pois nesta matéria os adeptos não costumam brincar. Quando se afastou de Ofélia Queiroz alegando que o seu destino estava "subordinado cada vez mais à obediência a Mestres que não permitem nem perdoam" (na sua carta de 23 de novembro de 1920), quem sabe se Pessoa não se referia também a Caeiro? Quem sabe, até, se Caeiro não terá sido o único mestre em quem Pessoa, literário até aos ossos, acreditou verdadeiramente? O que é certo é que Pessoa foi avassalado, alterado por ele. Houve uma epifania, uma espécie de conversão num momento dado: o dia 8 de março, segundo a sua carta a Casais Monteiro e as *Notas* de Campos; 13 de março, a crer noutro relato seu sobre a origem dos heterônimos;[26] ou ainda "numa manhã de março de 1914", como terá dito a Pierre Hourcade,[27] que assim o escreveu no seu artigo "Rencontre avec Fernando Pessoa", publicado na França em 1930. Houve, se não um dia, um mês triunfal – março de 1914 – confirmado pelos dados dos manuscritos.

Pessoa deixou duas listas de poemas para *O guardador de rebanhos*, que transcrevemos nas pp. 184-5. A mais curta e mais antiga registra sete poemas, o primeiro dos quais (*Guardador* XVII) é datável – segundo o autógrafo – de 7 de março de 1914. Os autógrafos dos cinco poemas a seguir mencionados figuram todos na mesma folha dupla, onde a data 4-III-1914 encima o poema "O luar quando bate na relva" (*Guardador* XIX, em quinto lugar na lista) e parece atribuível a todos os poemas. O último poema da lista (*Guardador* XVIII) surge na folha dupla que serve de suporte à própria lista e a mais dois poemas bucólicos rimados, tal como aquele. Porém esses dois poemas, um dos quais um soneto, foram riscados com uma linha diagonal em sinal de rejeição. Para tentar deslindar a gênese poética de Caeiro, parece-nos útil transcrever os últimos seis versos desse soneto:

> *Há uma nova edição da Terra toda;*
> *Página a página toda ela em roda*
> *Se abre ao meu paganismo que a compulsa...*
>
> *E enquanto as seivas fulgem, dando as mãos,*[28]
> *Meus olhos de poeta são irmãos*
> *Da minha natureza tão convulsa.*

Ainda na mesma folha dupla aparece, por baixo da lista, um quarto poema, "Não me importo com as rimas", que viria a ser o XIV do ciclo. Dir-se-ia que o poeta da Natureza tomou uma decisão naquele mesmo momento, pois nunca mais voltaria a fazer rimar os seus versos (os únicos dois poemas do *corpus* caeiriano que rimam são, na verdade, o primeiro e o último referidos na lista).

A segunda lista respeitante a *O guardador* registra quinze poemas, dos quais só o primeiro consta da anterior. Tanto este como o segundo poema da nova lista (I e II também na enumeração definitiva) foram escritos, segundo o testemunho do Caderno, no mítico dia 8 de março, enquanto os últimos dois poemas (*Guardador* XXIV e XXV), segundo o Caderno e os autógrafos avulsos,[29] foram redigidos em 13 de março. O poema (*Guardador* XXVI) que ocupa o quarto lugar a contar do fim da lista data de 11 de março segundo ambos os testemunhos. Os originais dos restantes dez poemas não são datados, mas terão sido escritos na mesma altura. Isso significa que pelo menos 24 poemas do ciclo – os 21 que constam nas listas, mais três não registrados mas datáveis (pelos manuscritos) de 7 de março (*Guardador* XIV, XX e XXI) – foram escritos em pouco mais de dez dias, a contar de 4 de março. Correspondem à metade do livro e o apontamento que figura no fim da segunda lista, "(perhaps there are more than these)", sugere que haveria outros já escritos (os "several" indicados para o meio do ciclo corresponderiam, segundo supomos, aos poemas da primeira lista). A segunda lista mostra, ainda, que o poema onde se inclui o verso "culminante" – "A Natureza é partes sem um todo" – já estava escrito e a estrutura do ciclo inteiro bastante adiantada, com a meta de 49 poemas mais ou menos decidida e a ordem dos primeiros seis já definida.

Que tudo isso deslumbrou Pessoa como se antes fosse cego e de repente visse a luz comprovam-no os elogios a Caeiro que saíram do seu tinteiro espontaneamente, como que por vontade própria, naquele mesmo mês de março e até nas mesmas folhas onde os poemas se escreviam com igual espontaneidade. Pessoa teve, desde o início, a certeza de que Caeiro era incomensurável. No autógrafo do poema XXIV de *O guardador*, datado de 13 de março, surge no meio dos versos o seguinte apontamento, deixado incompleto: "At the same time a preciseness so astonishing in writing states of enjoyment of Nature that it is difficult...".[30] Bem mais curioso é o caso contrário: um comentário em inglês que dá origem a um poema. Vale a pena citar o documento por inteiro, como prova do impressionante grau de nitidez com que Pessoa, desde muito cedo, *viu* Caeiro:

> Caeiro has created
> (1) a new sentiment of Nature,
> (2) a new mysticism,
> (3) a new simplicity, which is neither a simplicity of faith, nor a simplicity of sadness (as in Verlaine's case), nor a simplicity of abdication from thought and ☐ Much as he likes to prove his irrationalism, he is a thinker and a very great thinker.
> Nothing is so ennobling as this faith that declares the senses superior to the intellect, that speaks of intellect as of a disease.
> He has contradictions very slight, but he is conscious of all of them and has preanswered his critics. His contradictions are of three kinds: (1) in his thought, (2) in his feeling, (3) in his poetical manner.
> Those in thought are almost none, but such as they are, he explains this way:

Estas quatro canções, escrevi-as estando doente.
Agora ficaram escritas e não falo mais nelas.
Gozemos, se pudermos, a nossa doença,
Mas nunca lhe chamemos saúde,
Como os homens fazem.

O defeito dos homens não é serem doentes:
É chamarem saúde à sua doença,
E por isso não buscarem a cura
Nem realizarem o que é saúde e doença.[31]

Este "poema de ocasião" passou a integrar a segunda lista de composições de *O guardador*, o que prova a sua antiguidade. Depois foi rejeitado, sendo riscado da lista e o autógrafo traçado, por Pessoa ter achado suficiente o poema congênere, "As quatro canções que seguem" (*Guardador* XV), que surge logo acima na mesma lista.

Houve uma evolução em Caeiro, mas a sua essência ocorreu no espaço de duas semanas. Não é por acaso que as canções escritas quando estava "doente" (*Guardador* XVI–XIX) figuram entre as primeiras (cronologicamente falando), quando a figura e a psicologia do guardador ainda não estavam perfeitamente definidas. O sintoma de doença nos poemas XVI e XVIII manifesta-se no ansioso "Quem me dera" dos dois *incipits*, pois Caeiro quando de saúde contenta-se com as coisas como são ("Não tenho ambições nem desejos" diz ele no poema que abre o seu livro). No poema XVII a doença manifesta-se no franciscanismo, sendo as plantas chamadas "as minhas irmãs", modo de expressão condenado pelo poeta num dos *Poemas inconjuntos*, datado de 21 de maio de 1917 (ver p. 109): "Para que hei de eu chamar minha irmã à água, se ela não é minha irmã?". No poema XIX, o pastor entrega-se à recordação, considerada "uma traição à Natureza" no poema XLIII. O supracitado soneto e outros poemas antigos repudiados sofrem dos mesmos defeitos. Alguns dos mais antigos – precisamente o primeiro e também o poema XX ("O Tejo é mais belo...") – saíram bem, porque o Caeiro genuíno já existia, embora com misturas, confusões.

"Doente" porque embrionário, ainda malformado, Caeiro depressa se levantou da cama. Em 13 de março declarou, confiante: "O essencial é saber ver,/ Saber ver sem estar a pensar", o que exige uma "aprendizagem de desaprender" até percebermos que "afinal as estrelas não são senão estrelas/ Nem as flores senão flores" (*Guardador* XXIV). Já tinha chegado ao "objetivismo absoluto" que, conforme a "tendência crescente" assinalada por Ricardo Reis (ver acima), se radicaliza no fim do ciclo *O guardador de rebanhos*, em afirmações como "as borboletas não têm cor nem movimento", "A cor é que tem cor nas asas da borboleta,/ No movimento da borboleta o movimento é que se move", do poema XL, escrito em 7 de maio.

Essa evolução, tanto no livro como no seu suposto autor, também foi notada por Antônio Mora, no seu *Regresso dos deuses*:

> Partindo de um estado de intuição confuso e complicado, onde a mistura da avita mentalidade cristista com a original sensação pagã paira ainda em um nível de sensibilidade naturalista complexamente parecida com a emotividade de Francisco de Assis, o poeta, na estrada do conhecimento progressivo do seu destino e do seu temperamento, pouco a pouco se aproxima da expressão intelectual que deveras quadra com a sua tendência objetivista.[32]

O espírito inicialmente confuso de Caeiro, tal como Mora o caracteriza, está bem patente no soneto caeiriano que foi rejeitado pelo autor. Aclarou-se rapidamente, mas teve recaídas. "Nos *Poemas inconjuntos*", explicou Campos nas suas *Notas*, "há cansaço, e portanto diferença. Caeiro é Caeiro, mas Caeiro doente. Nem sempre doente, mas às vezes doente. Idêntico mas um pouco alheado." Os primeiros "inconjuntos" datados (e a maioria tem data) são de setembro de 1914. Dois meses antes, em 6 de julho, foram escritos os primeiros dois poemas de *O pastor amoroso*, chamado por Campos "um interlúdio inútil", embora reconheça que "os poucos poemas que o compõem são dos grandes poemas de amor do mundo". Mora concordava que eram os "únicos no mundo neste gênero" e Reis não discordava, mas via na experiência de amor do pastor a razão pela qual "a inspiração se deteriora e se confunde", dizendo mesmo (com as devidas desculpas pela falta de respeito) que "o poeta morreu a tempo".[33] O declínio poético é explicado num trecho destinado, presumivelmente, ao prefácio inacabado de Thomas Crosse:

> In the later poems, his lucid inspiration becomes slightly blurred, a little less lucid. The transformation dates from *The Lovesick Shepherd*. Love brought a touch of sentiment into this strangely unsentimental poetry. When that love brought disillusion and sorrow, it was not likely that the sentiment should depart. Caeiro never returned to the splendid nonmysticism of *The Keeper of Sheep*.[34]

Embora os *Poemas inconjuntos* incluam alguns dos mais belos escritos em nome de Caeiro, é verdade que Pessoa nunca conseguiu voltar ao estado iluminado, despojado, lucidíssimo, que gerou *O guardador de rebanhos*. Aliás, nem conseguiu escrever mais de dois ou três poemas "inconjuntos" depois de 1923. Produziu seis poemas para *O pastor amoroso* em 1929-30, mas se estes exprimem, eventualmente, um certo remorso pelo desfecho do namoro com Ofélia Queiroz, manifestam sobretudo remorso pelo pastor doente, que confessa "Não sei bem o que quero" (*Pastor amoroso* VI, nesta edição), "Todos os dias agora acordo com alegria e pena" (IV), "Todo eu sou qualquer força que me abandona" (V). E o que são as *Notas para a recordação do meu Mestre Caeiro*, também dos anos de 1930, se não uma evocação nostálgica de um singelo guardador de rebanhos que realmente morrera, parcialmente em 1915 e quase definitivamente em 1923 (ano em que escreveu, talvez não por acaso, o seu epitáfio – ver p. 160)?

Os poemas de Caeiro ficaram impressos no espírito de Pessoa que, volta e meia, num papel qualquer ou mesmo num envelope, escrevia uma variante para um verso, uma estrofe ou mesmo um poema inteiro datado de dez ou até de quinze anos antes. A obra de Caeiro estava sempre "quase pronta" para publicar, mas nunca passou do "quase". Na já citada carta a Gaspar Simões, Pessoa afirmou que os *Poemas inconjuntos* precisavam de uma revisão "psicológica", o que nos lembra a sua intenção de, na mesma altura, adaptar os trechos mais antigos do *Livro do desassossego* à "vera psicologia" de Bernardo Soares.[35] Pessoa não realizou nenhuma das duas revisões, o que no caso do *Desassossego* é fácil de compreender. Além de ser um livro dispersíssimo, sem coerência, Pessoa-Soares estava demasiado empenhado em escrever trechos novos para pensar em preparar o todo para publicação. O caso de Caeiro foi bem diferente. Já nada de novo saía do seu punho e, entre os muitos poemas "inconjuntos" escritos, relativamente poucos fugiam da "vera" psicologia do guardador. De mais a mais, Pessoa, se lhe faltasse a paciência para revisões psicológicas, podia publicar só *O guardador de rebanhos*, que precisava apenas de uma "qualquer revisão verbal". Foi, aliás, o que propôs aos diretores da *presença*, sem nunca lhes enviar o original prometido, como vimos.[36] *O guardador de rebanhos*, muito ao contrário do *Livro do desassossego*, estava escrito e completo desde 1915 (mais ano menos ano). Pessoa, que conhecia de cor uma boa parte dos 49 poemas, mexia neles, revia-os, não se decidia. *O guardador* era a sua joia, a pedra preciosa que os deuses tinham lhe confiado, e recusava-se a publicá-lo antes de atingir um estado de perfeição (além da preocupação que sentia quanto ao acolhimento que lhe reservaria o público).

"Existir é haver outra coisa qualquer" disse o Mestre numa discussão com Álvaro de Campos registrada nas *Notas*, lembrando com essa sentença a lição de Lucrécio, que, ao longo de muitos versos no seu *De rerum natura*, empenhou-se para provar que nada pode nascer do nada. Pessoa, por muito que tenha mitificado o "aparecimento" nele de Caeiro, nunca negou que este teve precursores, sendo o mais longínquo deles o próprio Lucrécio – não só pela visão materialista patente nos dois, mas também por ambos terem fundido a filosofia com a poesia.[37] Lucrécio, na sua defesa do epicurismo, é mais didático e sistemático do que Caeiro, que não adota nenhuma escola do pensamento, defendendo – pelo contrário – que "Pensar é essencialmente errar" (no poema "No dia brancamente nublado"), alegando: "Eu não tenho filosofia, tenho sentidos" (*Guardador* II). Embora Pessoa, no seu artigo previsto para *A Águia*, conteste tal afirmação: "No sr. Alberto Caeiro toda a inspiração, longe de ser dos sentidos, é da inteligência. Ele, propriamente, não é um poeta. É um metafísico à grega, escrevendo em verso teorizações puramente metafísicas".

Entre os poetas modernos, o primeiro de quem Caeiro é devedor é Cesário Verde, o único referido pelo nome nos seus versos. É a ele, também, que Caeiro dedicou a sua obra inteira. Sustenta Thomas Crosse que "Cesário Verde had on Caeiro the kind of influence which may be called merely provocative of inspiration" – ou seja, uma influência geral, um efeito inspirador, sem que se possa, todavia, encontrar poemas ou versos de Caeiro imitando Cesário. O parecer de Crosse parece justo, salvo no caso dos poemas mais antigos. Com efeito, um apontamento atribuível a Ricardo Reis comenta que o sétimo verso do poema "A salada" é "Cesário Verde puro" (ver nota ao poema) e no já citado soneto do Caeiro embrionário, encontramos o nome de Cesário entre parênteses junto deste verso, na segunda estrofe: "As cavalgadas de hálitos, reagem!". O Caeiro já formado retém de Cesário o amor por tudo o que é perceptível pelos cinco sentidos e compartilha com ele a "missão" poética – embora não o tom, não a ânsia, não o "eternamente" – enunciada em "O sentimento dum ocidental":

Se eu não morresse, nunca! E eternamente
Buscasse e conseguisse a perfeição das cousas!

Guerra Junqueiro e Teixeira de Pascoaes são os outros dois portugueses mencionados com frequência na profusão de textos escritos por Pessoa para explicar e promover Caeiro. No apontamento citado a propósito de Cesário, esses autores também são invocados como "influências *fundadoras* de Caeiro" e fundadoras talvez sejam, se considerarmos que "a sua comunhão humilde no Todo, comunhão que é, já não puramente panteísta, mas [...] superpanteísta, dispersão do ser num exterior que não é *Natureza*, mas *Alma*" foi precisamente o estado doentio que levou Caeiro – nascido com a doença deles – a escrever os seus primeiríssimos poemas. O pastor, porém, desenvolveu anticorpos quase instantaneamente, rejeitando a tendência para "encontrar em tudo um além", apontada por Pessoa dois anos antes, no mesmo artigo há pouco citado ("A nova poesia portuguesa no seu aspecto psicológico", 1912), como a "mais notável e original feição da nova poesia portuguesa" (designação esta que também abrangia nomes como Mário Beirão e Jaime Cortesão). No poema *XXVIII* de *O guardador*, o "poeta místico" cujos versos fazem Caeiro rir "como quem tem chorado muito" é certamente Pascoaes, "doente" e "doido" por dizer "que as flores sentem" e "que as pedras têm alma". Com essas palavras, Pessoa queria marcar uma distância da *Elegia do amor*, o poema do saudosista que elogiara tantas vezes mas que, de fato, põe flores a meditar e pedras a chorar e a rezar. "Talvez Caeiro proceda de Pascoaes", admitiu Pessoa, "mas procede por oposição, por reação."[38] Foi através da reação caeiriana que Pessoa, de um modo mais geral, conseguiu triunfar sobre a sua herança enquanto poeta português.

Entre os estrangeiros que poderiam ter influenciado Caeiro, o francês Francis Jammes (1868-1938), que conheceu alguma celebridade na virada do século, é mencionado por Pessoa com alguma insistência, sem que se perceba muito bem o porquê. Havia, nos versos desse poeta do campo, uma veia religiosa que se acentuou depois do seu regresso à fé católica em 1905, enquanto a poesia de Caeiro seguiria um percurso contrário, mas nem nos poemas antigos podemos encontrar muitos pontos em comum. Talvez o seu *parti pris* pela natureza? Sim, talvez só isto. Encontra-se na biblioteca de Pessoa um livro chamado *Francis Jammes et le sentiment de la nature* (1908), escrito por um tal Edmond Pilon, que cita muitos versos e estrofes do poeta. À margem destes, Pessoa, que terá lido o livro antes de conceber Caeiro, deixou uma série de comentários sarcásticos. Quando Jammes, por exemplo, na sua caracterização de um certo homem "puro", escreve "Il est de ceux qui voient les parfums. Et il sent/ les couleurs", Pessoa comenta: "C'est donc un idiot avec des hallucinations visuelles et olfactives". Mas é curioso notar que Pessoa parece ter roubado metade do título do livro para um ensaio seu, *Sentimento da Natureza*, de que existem alguns fragmentos,[39] e pode ser que *a ideia* de criar um poeta da Natureza tenha nascido da sua leitura do livro.

Mas foi Walt Whitman, de todos os poetas, quem exerceu mais influência sobre Caeiro, como Pessoa reconhece e como também às vezes nega. Empenha-se em mostrar as diferenças entre os dois para camuflar a influência havida e para provar que, com influência ou sem ela, Caeiro é superior ao seu suposto precursor. Há um texto inédito que, ocupando-se precisamente desse tema, começa assim:

Differences between Whitman and Caeiro are clear:

– Caeiro is clear; Whitman is confused, muddled.
– Caeiro is a subtler rhythmist than Whitman.
– Caeiro is far more of an intellectual than Whitman.
– We are convinced there is no influence at all.[40]

A continuação do texto afirma, entre outras coisas, que Caeiro é mais puramente lírico, mais contemplativo, mais abstrato mas também mais concreto, mais materialista e mais espiritualista, mais límpido e mais complexo que Whitman. Noutros textos, Pessoa, embora admita a influência do americano, pretende que ela se restrinja à forma do verso (livre). Na verdade, é possível encontrar versos com conteúdos bastante parecidos, mas não são meros decalques. A influência de Whitman penetrou fundo em Pessoa, onde se cruzou com toda a escola da literatura inglesa que estudara, com as suas extensas leituras dos românticos e simbolistas franceses e com a autoimersão – a partir de 1905 – em tudo o que era cultura portuguesa. Que a influência whitmaniana foi muito além do plano formal-estilístico sugere-o este apontamento datável de 1907 ou 1908, possivelmente o mais antigo sobre o autor de *Canto de mim mesmo* existente no espólio pessoano: "Walt Whitman united all three tendencies, for he united mania of doubt, exaltation of personality and euphory of physical ego".[41] Parece ter havido uma alquimia que foi laborando no espírito de Pessoa até explodir em Caeiro, Campos e Reis. Pessoa, dado o seu caráter reservado, não podia assumir um comportamento maníaco, exaltado e eufórico, mas podia "fingi-lo" – isto é, fingir a existência dessas personagens que realizavam a vontade de ruptura, inovação, impulso e força que nele residia de fato. Whitman terá sido o catalisador de Pessoa. Libertou-o, como que de uma camisa de força, da "estética aristotélica" tal como Campos a caracteriza no seu artigo publicado na *Athena* 3 e 4. E não será por acaso que a receita *não* romano para criar arte – segundo a qual "é o geral que deve ser particularizado" e "o 'exterior' que se deve tornar 'interior'" – corresponde precisamente ao modo como Pessoa absorveu Whitman, convertendo-o na substância da sua própria personalidade. Daí nasceu Caeiro. De Caeiro nasceu Campos.

Antes de ser um mestre com discípulos, Caeiro era um poeta até maior, englobando tudo o que era novidade em Pessoa, tudo o que teria a ver com o que hoje chamamos Modernismo, tudo o que abalou o seu mundo poético tal como existia no começo de 1914. Como se depreende do "pequeno" currículo que vem no fim da segunda lista de poemas de *O guardador* (ver pp. 184-5), o papel previsto para Caeiro abrangia não só o "objetivismo absoluto" do pastor mas também o Futurismo das grandes odes de Campos e o Interseccionismo exemplificado pelos seis poemas de *Chuva oblíqua*. Teria sido, por outras palavras, uma espécie de megamodernista, capaz de figurar em diversíssimas tendências novas. Mais precisamente, Caeiro teria sido um segundo Pessoa em versão modernista, escondendo-se atrás de várias máscaras, sendo ora um guardador ultraobjetivista, ora um futurista, ora um interseccionista. Um heterônimo com subeterônimos. Só assim podia ter funcionado, pois a personagem do guardador é absolutamente inconciliável com a do futurista ou a do interseccionista, embora essas duas pudessem ter sido a mesma. Aliás foram-no durante alguns meses. Na já citada carta a Côrtes-Rodrigues de 2 de setembro de 1914, Pessoa alude ao "Álvaro futurista", que já surgira três meses antes como autor das grandes odes, e em 4 de outubro escreve ao seu amigo açoriano dizendo que a *Chuva oblíqua* seria incluída, sob o nome de Álvaro de Campos, numa *Antologia do interseccionismo* que, entretanto, não se concretizou. Meio ano depois, publicou-a no número 2 de *Orpheu*, sob o seu próprio nome. Os jogos formais patentes na *Chuva oblíqua* – onde as sobreposições de tempos, cenários e conteúdos constituem, de fato, um exercício exemplar de interseccionismo – não eram, afinal de contas, muito compatíveis com o espírito emotivo e espontâneo que emergiu no engenheiro naval. Os seis poemas também não condiziam especialmente bem com o restante da poesia assinada por Pessoa, mas serviam, no seu *portfolio*, como testemunho do impacto decisivo que o "momento Caeiro" teve na produção poética de Pessoa. Campos explica-o numa das suas *Notas*:

> A *Chuva oblíqua* não se parece em nada com qualquer poema do meu mestre Caeiro, a não ser em certa retilinearidade do movimento rítmico. Mas o Fernando Pessoa era incapaz de arrancar aqueles extraordinários poemas do seu mundo interior se não tivesse conhecido Caeiro. Mas, momentos depois de conhecer Caeiro, sofreu o abalo espiritual que produziu esses poemas.

Esta historieta será menos ficção do que metáfora. A combustão psicológica e literária que gerou Caeiro também deu origem logo a seguir, se não em simultâneo, ao cubismo em verso da *Chuva oblíqua* e às odes futuristas, quando ainda não havia um Álvaro de Campos. Existem, de fato, quatro esboços de odes inicialmente atribuídos a Caeiro. Em dois deles Pessoa alterou a atribuição inicial *A. Caeiro* para *A. Campos*. Um terceiro, assinado *A. C.* (e não *A. de C.*) e encimada pelo título geral "5 Odes", foi publicado, como os primeiros dois, nas edições críticas da poesia de Campos. A quarta ode, ou esboço de ode, é apresentada na presente edição como um dos dois "Poemas de atribuição incerta". Embora não assinada, traz a indicação "5 Odes" e, no verso do manuscrito, dois apontamentos sobre Caeiro escritos em inglês, equivalendo essas duas circunstâncias – a nosso ver – a uma atribuição implícita a Caeiro. Atribuição problemática, porém, visto que Campos herdou o encargo de escrever as odes futuristas e – a julgar pelas duas atribuições alteradas – os esboços que foram elaborados quando ainda não existia. Só que, no caso da ode embrionária aqui publicada, a preocupação do narrador com a realidade visual é extremamente caeiriana, ainda que a voz exuberante seja de Álvaro – desse Álvaro cosmopolita que veio dos campos onde Alberto apascentava os seus pensamentos. O pano de fundo dessa ode, possivelmente a primeira parcialmente escrita, nem sequer é cosmopolita mas apenas urbano, lisboeta, e seria perfeitamente concebível que um poeta que tinha ido viver no campo voltasse de vez em quando à sua cidade natal e escrevesse coisas deste gênero (aliás Caeiro, no poema "De longe vejo passar no rio um navio", refere-se precisamente ao Tejo e parece estar em Lisboa). As outras odes já requerem um poeta mais mundano e viajado, que teria sido – segundo a nossa hipótese – uma das subpersonalidades de um poeta modernista chamado Alberto Caeiro. O "guardador de rebanhos" teria sido outra subpersonalidade, sem relação direta com o futurista. Mas um agigantou-se e o outro também, quando escreveu finalmente a sua primeira ode completa, a "Triunfal", na primeira quinzena de junho de 1914. Foi então que a "heterogênese" – Campos nascido de Caeiro – terá ocorrido, como sabemos pela carta a Pessoa, datada de 20 de junho, em que Mário de Sá-Carneiro o felicita pela sua "*Ode* do Álvaro de Campos que ontem recebi", uma "coisa enorme, genial", "a obra-prima do Futurismo".[42]

A correspondência dos dois amigos também assinala, poucos dias depois, o nascimento do Ricardo Reis, confirmado pelos manuscritos, sendo 12 de junho de 1914 a data mais antiga que aí consta para as odes luso-horacianas. Que diferentes são estas últimas das odes estrepitosas de Campos! O que não é de estranhar. A inspiração criadora em Pessoa, como já verificamos na relação Pascoaes-Caeiro, desencadeava-se muito por oposição, e o classicista é uma clara reação ao Campos decadente e indisciplinado. Uma reação, dir-se-ia, do Pessoa pré-modernista, se bem que o uso de máscaras – e Reis foi a mais estranha, a mais improvável – fosse muito característico de vários modernistas. A criação de Ricardo Reis até pode ser entendida como uma antecipação do gosto pós--modernista pela citação, a revalorização do passado no combate contra uma visão linear da história da literatura. Seja como for, Reis declara-se discípulo de Caeiro, a quem saúda como o "reconstrutor do paganismo", não porque se tenha esforçado nesse sentido mas por ter encarnado – na sua sensibilidade absolutamente objetivista – a ideologia pagã logicamente exposta na prosa e nas odes de Reis.

Irmãos da mesma fé, Caeiro é espontaneamente o que Reis, por crença, pratica. Assim, a aceitação do mundo como é, que leva Caeiro a celebrar tudo que nele existe, traduz-se num "epicurismo triste" em Reis,[43] embora a atitude de base seja a mesma. Se não fosse a sua métrica irregular, o "poema inconjunto" que principia por "Aceita o universo/ Como to deram os deuses", até poderia ser de Reis, mas o Caeiro que aí fala está "doente", ansioso de ensinar outros, coisa que não costuma fazer, pelo menos de forma direta. Podemos ouvir também alguns ecos de Reis no Caeiro que adoeceu de amor. A linguagem dos primeiros dois poemas de *O pastor amoroso*, datados de 6 de julho de 1914, lembra muito a de algumas odes do mesmo período. Na ode "Vem sentar-te comigo, Lídia, à beira do rio", escrita no próprio dia em que Reis terá possivelmente nascido, vemos o poeta sentado com a sua amada, fitando o rio, e logo depois colhendo flores com ela – palavras e imagens que encontramos nos dois poemas de *O pastor amoroso* escritos menos de um mês depois. Ainda mais ricardiano é o dístico que, inicialmente, rematava o primeiro dos dois: "Põe as tuas mãos entre as minhas mãos/ E deixa que nos calemos acerca da vida". Parece ter havido um lapso e que Pessoa, distraído, tinha se esquecido de que era Caeiro, e não Reis, quem andava pelos campos com a sua namorada. Voltando a si e a Caeiro, riscou os dois versos.

Tornando à célebre carta de Pessoa a Casais Monteiro, recorde-se que em Pessoa já se esboçara "um vago retrato" de Ricardo Reis por volta de 1912, quando tentou escrever "uns poemas de índole pagã" em verso irregular, ou melhor, "num estilo de meia regularidade". Nada nasce do nada, mas há surpresas, e é possível que tenha havido uma mutação, que este proto-Reis, com a sua métrica mais livre e o seu quê de bucólico, tenha surgido primeiro como Alberto Caeiro, o poeta da Natureza dotado de um "falso paganismo" (como lhe chama Pessoa, na mesma carta): falso porque Caeiro nunca fala ou pensa em paganismo (exceto no já referido soneto rejeitado); este lhe é atribuído por Reis, Mora, Campos, Pessoa.

Embora o nascimento de Caeiro tenha sido, de qualquer modo, fortuito, a sua gênese dependeu de muitas contingências e influências – literárias, sócio-históricas e psicológicas. Pessoa mitificou-o justamente porque esse heterônimo conseguiu se livrar de toda essa paternidade pesada. Triunfou sobre as influências (transformando-as na sua substância), triunfou sobre a língua inglesa (incorporando o seu modo de expressão mais direto no estilo do seu português), triunfou sobre a vasta educação do seu progenitor ("Se falo na Natureza, não é porque saiba o que ela é,/ Mas porque a amo, e amo-a por isso"), e triunfou sobre o próprio paganismo de que era – inconscientemente – o arauto e o reconstrutor.

Quer isso dizer que Caeiro era um simples "poeta da Natureza"? Que era ingênuo, anti-intelectual, com nada do filósofo, do metafísico, do pensador? Longe disso. Ou melhor: no universo de Pessoa só Caeiro era simples, e ele não era simples. Thomas Crosse reconhece que a sua atitude é "eminently intellectual" e que a sua poesia "is poetry and philosophy simultaneously and interpenetratedly".[44] E no artigo para *A Águia* que já foi citado a esse respeito, Pessoa comenta: "No meio da sua aparente espontaneidade, a poesia do sr. Caeiro sabe-nos curiosamente a culta; e, conquanto tal pareça, e conquanto soe, ingênua [...], não conseguimos tirar de nós a impressão de que ela é de um homem culto e lido". Evidentemente! Pois se "os pastores de Virgílio não são pastores: são Virgílio" (segundo uma versão variante do *Guardador* XII), não será menos verdade que Caeiro não era um pastor: era Pessoa. Era sempre Pessoa, mesmo se o ultrapassou de certa forma, relacionada com o mistério da nossa humanidade, que às vezes consegue ser mais e melhor do que é. "Mais" e "melhor", por serem valorativas, não são as palavras certas, mas podemos dizer que Caeiro, naquela primavera triunfal, transcendeu o seu próprio criador. Foi uma transcendência pela negativa, pela difícil ciência de desaprender. Voltando uma última vez ao artigo para *A Águia*, encontramos Pessoa, que confessa um "desconhecimento total da pessoa do sr. Alberto Caeiro", imaginando que este seja uma "criatura já não nova – não muito nova, pelo menos – que, tendo atravessado um período de juventude de vasta cultura literária, por qualquer razão se retira para o campo e aí, abandonando *de todo* a leitura e a cultura pelo livro, se entrega à natureza [...]". Ou como Caeiro disse, num dos *Poemas inconjuntos*:

Deito-me ao comprido na erva
E esqueço tudo quanto me ensinaram.

Foi esta a grande lição – repetida de poema em poema caeiriano – que Pessoa aprendeu do seu Mestre: parar, retirar-se, abandonar o já conhecido, entregar-se ao não vivido.

Pessoa seguiu a lição em parte. Deixou-se ir por caminhos novos, um pouco ao sabor do vento. Rompeu com o Simbolismo e com as convenções que dominavam a literatura portuguesa de então. Lançou, praticamente sozinho, o Futurismo em Portugal. Libertou a palavra nos versos de Caeiro e Campos e na prosa insólita do *Livro do desassossego*. E mesmo Ricardo Reis, com o seu estilo arcaizante, foi uma espécie de mini-Renascimento para Pessoa. Tudo isso, claro está, no plano literário.

Quanto à doutrina de vida de Caeiro, pela qual devemos abandonar-nos à nossa condição humana, reconciliando-nos – em última instância – com o fato de que, naturalmente, iremos morrer... isso não. A morte, não. O cessar de existir, nunca! Isso era bom para Caeiro ou para Reis (que pregou, com melancolia, a doutrina do Mestre para quem não havia melancolia nem doutrinas). Pessoa, o homem, ficou com Campos, cujo horror de morrer é notório. E, afinal, nem seguiu os passos do engenheiro, que dissipou a vida como se fosse uma pequena herança para gastar. O estilo de Pessoa era outro, sendo referido, por acaso, na segunda estrofe do poema XXXVI de *O guardador*. Aí encontramos o pedreiro que construía, "verso sobre verso", a sua "casa artística" contra a morte e o esquecimento. A Pessoa faltou em método o que sobrou em ambição, pelo que a casa ficou muito grande e imperfeita, grande até por ser imperfeita ("Se não houvesse imperfeição, havia uma cousa a menos,/ E deve haver muita cousa", *Guardador* XLI). Mas está sempre lá, no cimo do outeiro, sem cortinas na janela, uma obra aberta como nenhuma.

NOTAS

1. O irmão de Ricardo Reis chamava-se Frederico. Era o autor fictício de um folheto sobre a "Escola de Lisboa", que abrangia os três heterônimos surgidos em 1914.
2. Assim disse numa carta para a mãe escrita em 5 de junho de 1914.
3. Doc. 14C/26, no Espólio de Fernando Pessoa, à guarda da Biblioteca Nacional de Portugal.
4. É no poema "A partida" que Campos se dirige a Caeiro como "Grande libertador", epíteto que Reis também emprega na sua nota prefacial publicada na presente edição (e onde também lhe chama "revelador da Realidade"). A referência à libertação do próprio Pessoa por Caeiro encontra-se na *Nota* de Campos que principia "Fernando Pessoa escreveu a fio".
5. Que Sá-Carneiro, nas suas cartas, mostrou mais entusiasmo pela poesia de Campos e Reis é em parte explicável pelo efeito de novidade. Conhecera os primeiros poemas de Caeiro em Lisboa, uns três meses antes.
6. Estes versos, de Ricardo Reis, surgem no autógrafo do poema "Ontem o pregador de verdades dele", de Caeiro.
7. Primeiros versos de uma ode inacabada, datável de 23 de novembro de 1918.
8. Na terceira das cinco *Notas para a Recordação* publicadas na *presença* em 1931.
9. Ver Pessoa, *Prosa de Ricardo Reis*, org. Manuela Parreira da Silva (Lisboa: Assírio & Alvim, 2003), pp. 161 e 134 (docs. 21/68, 116).
10. Id., p. 141 (doc. 21/96).
11. Id., p. 59 (doc. 21/86).
12. Ver Pessoa, *Obra essencial de Fernando Pessoa*, org. Richard Zenith, vol. V (Lisboa: Assírio & Alvim, 2007), p. 162 (doc. 21/90).
13. Doc. 14B/62A.
14. Caeiro é denominado "chefe" do Sensacionismo no texto de Campos intitulado "Modernas correntes na literatura portuguesa" (doc. 20/85), enquanto um texto do próprio Pessoa diz que o "mestre glorioso e jovem" fundou o movimento (doc. 20/95). Ver Pessoa, *Obra essencial*, vol. V, pp. 177-8.

15. Num texto intitulado "Programa Geral do Neopaganismo Português". Em *Prosa de Ricardo Reis*, p. 176 (doc. 21/4V).
16. Algumas das páginas destinadas a promover a obra de Caeiro têm sido publicadas dispersamente, por Teresa Rita Lopes, Teresa Sobral Cunha e outros investigadores; outras páginas continuam inéditas. Passamos a indicar a localização deste material no Espólio de Pessoa: o artigo sobre Caeiro para *A águia* – docs. 14B/19-20, 36-44; artigos em inglês sobre Caeiro – Envelope 14B; Translator's Preface de Thomas Crosse – Envelopes 14B, 21, 143; "Caeiro and the Pagan Reaction" – docs. 143/7-9; trechos avulsos sobre Caeiro em português – Envelopes 14B, 14C; "Caeiro is the only poet of Nature" – doc. 14B/17.
17. Ver docs. 14B/16 e 74B/38.
18. Segundo um plano de publicação para *Orpheu* 3 (doc. 87A/4), transcrito em Pessoa, *Poemas de Ricardo Reis*, org. Luiz Fagundes Duarte (Lisboa: INCM, 1994), p. 40 (nota 20).
19. Projeto (doc. 21/1) transcrito em Pessoa, *Páginas íntimas e de auto--interpretação*, orgs. Georg Rudolf Lind e Jacinto do Prado Coelho (Lisboa: Ática, 1966), pp. 221-2.
20. Ver Pessoa, *Obra essencial*, vol. V, p. 288 (doc. 133L/93).
21. Pessoa era o diretor literário da *Athena*, sendo o outro diretor, o pintor Ruy Vaz, responsável pela seção artística da revista.
22. Ver projetos transcritos em *O regresso dos deuses e outros escritos de António Mora*, org. Manuela Parreira da Silva (Lisboa: Assírio & Alvim, 2013), pp. 279-83 (docs. 48G/26, 48G/33, 87/66).
23. Doc. 14B/19V.
24. A *Obra poética*, de Fernando Pessoa, org. Maria Aliete Galhoz (Rio de Janeiro: Nova Aguilar, 1960), incluiu um trecho do até então inédito Prefácio de Ricardo Reis.
25. Ver *Prosa de Ricardo Reis*, pp. 68 e 63 (docs 21/93 e 14E/5).
26. O relato da gênese dos heterônimos que indica 13 de março como o dia em que Pessoa descobriu Caeiro terá sido um trecho prefacial para *Ficções do interlúdio* ou outro projeto de publicação ou promoção das obras heterônimas concebido por volta de 1930. No manuscrito do relato surge, junto ao número 13, um 8 muito pequeno. Pessoa, portanto, ou estava indeciso entre as duas datas, ou estava esquecido de ter já estabelecido 8 de Março de 1914 como o "dia triunfal" em que lhe apareceu Caeiro.

27. Pierre Hourcade (1908-83) estava ligado aos *presencistas* em Coimbra, onde trabalhou como leitor de francês na Universidade antes de ser nomeado diretor do Institut Franco-Portugais em Lisboa. Escreveu vários artigos sobre Pessoa e publicou traduções de poemas seus ainda em vida do poeta.
28. Variante ao verso: "E enquanto as seivas sentem pulsações nas mãos".
29. Os autógrafos de *O guardador de rebanhos* anteriores ao Caderno encontram-se no Envelope 67 do Espólio.
30. Doc. 67/30.
31. Doc. 14B/15.
32. Em *O regresso dos deuses e outros escritos de António Mora*, p. 91 (doc. 12B/1).
33. Comentário de Mora: *O regresso dos deuses*, p. 104 (doc. 12A/27V). Comentário de Reis: *Prosa de Ricardo Reis*, p. 139 (doc. 21/94v).
34. Doc. 14B/7.
35. A referência à "vera psicologia" de Bernardo Soares surge numa nota de Pessoa publicada na maior parte das edições do *Livro do desassossego*.
36. Nas *Cartas de Fernando Pessoa a João Gaspar Simões* (1982), este último confirma que Pessoa nunca enviou o original de *O guardador de rebanhos* à direção da *presença*.
37. Numa nota solta (doc. 68A/3), Pessoa estabelece um confronto entre *O guardador de rebanhos* e *De rerum natura* de Lucrécio.
38. Observação (doc. 21/89) que surge, em português, no meio do "Translator's Preface" de Thomas Crosse (ver Pessoa, *Obra essencial*, vol. V, p. 469).
39. Docs. 145/77-78, 40/25 e 150/1-3.
40. Doc. 14B/62.
41. Doc. 144J/32. Foi Eduardo Lourenço quem primeiro investigou a fundo o significado da obra whitmaniana na poética de Pessoa; os estudos de Maria Irene Ramalho de Sousa Santos e Susan Brown, entre outros, têm alargado o nosso conhecimento desta matéria.
42. Teresa Rita Lopes, em Álvaro de Campos, *Livro de Versos* (Lisboa: Estampa,1993) e algures, traçou a derivação de Campos do Caeiro. Um dos dois fragmentos poéticos cuja atribuição a Caeiro foi alterada para Campos é encimado pela indicação "2ª Ode" ("E eu era parte de toda a gente que partia"). O outro ("Uma vontade física de comer o universo")

não traz nenhum título, mas pelo seu conteúdo e as suas caraterísticas textuais, não há dúvida de que fazia parte (como defende Teresa Rita Lopes) do projeto das cinco odes caeirianas. Legado a Campos, o projeto foi inicialmente intitulado "Cinco odes triunfais" (doc. 48C/24), das quais a *Ode triunfal* publicada em *Orpheu* seria a segunda (sendo assim referida por Thomas Crosse no seu "Translator's Preface") e um dos *Dois excertos de odes* – se não ambos – pertenceria à terceira ode, conforme a notícia dada por Pessoa na sua carta de 4/10/14 a Armando Côrtes-Rodrigues. Se é verdade que o esboço da ode publicado na presente edição nos parece caeiriano pela sua celebração da realidade das coisas *em si* (mais que pelas sensações que provocam nele), é curioso encontrar uma "Ode à realidade das coisas" entre os projetos tardios de Álvaro de Campos (no suporte do Trecho 419 do *Livro do desassossego*, Companhia das Letras).
43. É Frederico Reis, numa apreciação do seu irmão classicista, que diz: "Resume-se num epicurismo triste toda a filosofia da obra de Ricardo Reis". Ver *Prosa de Ricardo Reis*, pp. 280-1 (doc. 21/110).
44. Do texto já citado na nota 40.

A NOÇÃO DAS COISAS

FERNANDO CABRAL MARTINS

A POSSIBILIDADE DO SENTIDO

> *le livre fait le sens, le sens fait la vie.*
> Roland Barthes, *Le Plaisir du texte*

Caeiro fala a partir de um ponto do conhecimento que faria pressupor uma personagem de velho, capaz de se identificar com toda a experiência do mundo. Mas Pessoa desenhou-o como um heterónimo jovem, mais jovem até que ele próprio (que o inventou aos 26 anos), e que havia de ser levado por uma morte prematura (precisamente aos 26 anos).

Outro paradoxo aparece formulado numa nota manuscrita de Pessoa que parece anotada à margem de um dos mais perfeitos poemas de *O guardador de rebanhos*, o IX: Caeiro é um "místico materialista".

Outro paradoxo ainda é a simplicidade que afirma, a espontaneidade que de muitos modos a ele se associa, e a complexidade que tal simplicidade e espontaneidade revelam logo a uma primeira análise. É que o caso de Caeiro, de entre as criações de Pessoa, é talvez aquele que corresponde a um maior (e mais conseguido) esforço de arquitetura. Por exemplo, a sua obra está dividida em três partes unidas, mas a parte do meio, *O pastor amoroso*, mostra-o em tudo contrário ao que se deseja e se projeta nas outras duas, conferindo-lhe desse modo o contraste necessário para a distinção e o relevo do todo. Também *O guardador de rebanhos* tal como depois os *Poemas inconjuntos* contêm poemas em que a personagem surge sob iluminações imprevistas, revelando aspectos que contradizem o seu ideal de Si-Mesmo e lhe conferem verossimilhança ficcional.

A ciência espontânea, o misticismo materialista e a simplicidade complexa são atributos paradoxais que servem para intensificar e tornar crível a sua extraordinária singularidade (que os *presencistas* hão de confundir com insinceridade).

São características que, por outro lado, sagram Caeiro como o libertador a quem é destinada uma missão impossível: resolver uma crise que se instalara, pondo em risco a sobrevivência da (possibilidade de fazer) arte.

Crise que pode ser descrita de dois pontos de vista opostos: como uma súbita degenerescência de valores milenares, ou como uma metamorfose deles.

Assim, na tomada de consciência da Modernidade, em meados do século XIX, com Baudelaire e a teoria das correspondências, a mimese aristotélica é posta em causa: a representação torna-se livre, aberta, não dependente de nenhum modelo consuetudinário de Natureza ou de Poeta. A imagem pode ser construída a partir de sinestesias ou de analogias não baseadas numa relação de semelhança.

Com o Simbolismo que nos últimos vinte anos do século recolhe essa bomba de relógio, Rimbaud que a cultiva e Mallarmé que a teoriza, as regras retóricas e poéticas são postas em causa, conduzindo então ao explodir de um antigo, vasto e elaborado sistema de composição. Já na primeira década do século XX, com a Vanguarda que, entre outros, Sá-Carneiro de Paris transmite a Pessoa, são, enfim, os mecanismos do sentido que se veem desfeitos.

Sá-Carneiro formula com exatidão essa perda insuportável do sentido por meio do símbolo "quase": a ambiguidade é total, a abertura é infinita, o que resta dos versos torna-se um estar sempre "entre", numa deambulação desorientada entre as ruínas do passado e as ânsias de Novo, numa "alma" (o sentido, o Eu) abandonada algures como um adereço sem valor.

No início de 1913, essa crise (literária, artística, epistemológica) ganha evidência com o aparecimento do Paulismo, que nasce do íntimo diálogo poético entre Sá-Carneiro e Pessoa. Crise tanto mais intensa quanto mais produtiva é, prometendo novos continentes da beleza e da produção de sentidos. Sentido? Ou talvez antes da "qualquerdade" (palavra de Pessoa) que o asfixiante "quase" de Sá-Carneiro já dizia. É um mundo de onde parece banido o simples "eu", sem o qual não existe discurso. De onde parecem cortadas as coisas, sem cuja *noção* não existe sentido.

Portanto, Caeiro propõe, perante a ruptura de todas as formas de representação, uma nova mimese pela qual seja reposta a eficácia referencial; uma regra de composição capaz de integrar a pura liberdade; a invenção de uma poética e de uma filosofia (o Sensacionismo); enfim, a reposição de uma possibilidade de sentido.

Tudo isso situa Caeiro numa posição radicalmente antimoderna: não só (sigo Octavio Paz) por se fundar na reconciliação do homem com a natureza, mas também por confiar no bom funcionamento semântico da linguagem, que usa como portadora de uma lógica e elo firme de comunicação (como exprime o fragmento: "E tudo o que se sente diretamente traz palavras suas").

Última ironia, esse procedimento de renascimento do sujeito e de restauro do sentido coincide, em 1914, com a cisão heteronímica. O que se apresenta como a solução de uma crise é a abertura simultânea de uma outra, insanável. A aparição de Caeiro, tal como é contada na carta a Adolfo Casais Monteiro de 13 de janeiro de 1935, é só o primeiro passo da manifestação de (personagens de) poetas que irrompem por decorrência do grande iniciador Caeiro e por oposição entre si. Até Pessoa ele-mesmo se torna uma personagem do seu próprio teatro de poetas ao reaparecer, a seguir a Caeiro, com essa estranha *Chuva oblíqua* tão anticaeiriana mas tão caeiriana.

Caeiro torna-se o vértice de uma pirâmide que une, mas de que se afastam, as três faces autônomas Pessoa, Reis e Campos.

O AVESSO DA SAUDADE

> *Tanto Caeiro como Pascoaes encaram a Natureza de um modo diretamente metafísico e místico, ambos encaram a Natureza como o que há de importante, excluindo, ou quase excluindo, o Homem e a Civilização, e ambos, finalmente, integram tudo o que cantam nesse seu sentimento naturalista. Esta base abstrata têm de comum: mas no resto são, não diferentes, mas absolutamente opostos. Talvez Caeiro proceda de Pascoaes; mas procede por oposição, por reação. Pascoaes virado do avesso, sem o tirar do lugar onde está, dá isto – Alberto Caeiro.*
>
> Fernando Pessoa, *Páginas íntimas e de autointerpretação*

O guardador de rebanhos é de 1914-5, e a grande maioria dos poemas de Caeiro é escrita ao longo dessa miraculosa década de 1910. Uma questão importante para a leitura de Caeiro, nesse modo de resposta que a sua poesia também é a circunstâncias e necessidades de época, é a sua relação com Pascoaes.

Já em 1912 Pessoa publica os seus extensos ensaios sobre a "Nova poesia portuguesa". Esses artigos mostram a força, nesses anos, do Saudosismo e de Pascoaes. Não pode ser por acaso que Pessoa lhe dedica toda aquela atenção. Nem por mera afinidade nacionalista, nem por qualquer proximidade pagã. A proposta que Pascoaes então sustenta em artigos, conferências, livros de poemas e de prosas, em todos os gêneros e tons ideológicos, é suficientemente desmesurada na sua ambição e chamejante no seu estilo para o poder interessar. É, ainda, muito influente nos meios da mais ativa *intelligentsia* pós-revolução republicana. Além disso, é de uma originalidade – que não se afirma como tal, e pelo contrário não parece ter de si consciência – que se conjuga com os tempos de transformação de que a Vanguarda é outro sinal.

Essa forma de originalidade tradicionalista assenta numa revalorização da palavra *saudade*, única em todas as línguas, tornada centro nevrálgico da arte de ser português – ser que é entendido, assim, como determinado pela linguagem, bem ao modo do Simbolismo. A história da palavra *saudade* e a análise das suas utilizações clássicas servem então de núcleo gerador de uma visão do mundo e de uma escola literária.

Ora, o virar Pascoaes "do avesso", que é o efeito conseguido pela criação de Caeiro, acaba por ser um estilhaçamento da textura lisa e brilhante que forma a sua poesia – ainda que partilhe o seu arqui-*topos* da reflexão lírica sobre a natureza.

Primeiro, em termos retóricos. Num dos poemas de *O guardador de rebanhos* que Pessoa publica na *Athena*, o XXVIII, e cujo referente é a poesia de Pascoaes (o que é, aliás, esclarecido pela entrevista de Caeiro), o grau de violência é extremo:

Li hoje quase duas páginas
Do livro dum poeta místico,

E ri como quem tem chorado muito.
Os poetas místicos são filósofos doentes,
E os filósofos são poetas doidos.

Ora essas páginas do "livro dum poeta místico" são emblematizadas por imagens do tipo das que, nos próprios artigos sobre a "Nova poesia portuguesa", Pessoa citara como exemplos, mas que agora aparecem banhadas por um tom vagamente caricatural, como "as pedras têm alma" e "os rios têm êxtases ao luar". E tais imagens correspondem a processos poéticos que Caeiro vira "do avesso", desde logo, por escolha de uma diferente gramática. A sua reiteração tautológica, aqui "as pedras são só pedras" e "os rios não são senão rios", ganha um fulgor novo quando confrontada com a grandiloquência das correspondências de Pascoaes.

Esse poema XXVIII torna-se um verdadeiro manifesto da alteração do código literário que o aparecimento de Caeiro desencadeia, e um grito de afirmação sua por redução a zero do estilo saudosista: "Por mim, escrevo a prosa dos meus versos".

Depois, a desconstrução da poética saudosista procede por uma dilucidação temática. Sendo a saudade um símbolo que trabalha a questão do tempo, Caeiro vai tornar claro que não quer incluir o tempo no seu "esquema" ("Vive, dizes, no presente", *Poemas inconjuntos*). Assim, a própria raiz semântica da saudade se vê cortada.

Mas o mecanismo de significação que a saudade implica, ao pôr em cena a memória e a imaginação, é também alvo de análise particular. Outro exemplo dos *Poemas inconjuntos*:

Navio que partes para longe,
Por que é que, ao contrário dos outros,
Não fico, depois de desapareceres, com saudades de ti?
Porque quando te não vejo, deixaste de existir.
E se se tem saudades do que não existe,
Sente-se em relação a cousa nenhuma;
Não é do navio, é de nós, que sentimos saudades.

O que tem a ver com a dimensão subjetiva, cujos disfarces e alçapões se revelam, é aqui observado com uma finura que poderíamos estranhar por parte de um poeta tão "simples", embora não faça mais que seguir com rigor os princípios que coloca. Só que esse procedimento conduz, com alguma deleitação contextual, à ruína da ideia de saudade. Em termos que estão muito longe dos de Pascoaes, míticos e simbolistas, mas em que a lupa da poesia é usada para interpretar o seu valor como sensação (a poesia sendo para Caeiro a ciência da sensação).

Num outro dos *Poemas inconjuntos*, neste caso o poema "O conto antigo da Gata Borralheira", conclui-se de modo ainda mais sutil alguma coisa de semelhante. Tratando um tema frequente em Pessoa, o do mito como uma narrativa essencial, e associando-o a um tema típico de Caeiro doente, o das memórias de infância, compreende a recordação dos mitos contados e das sensações vividas como uma atividade falsa, ou em falso – longe da realidade, ou até contra a realidade:

> Que disto tudo só fica o que nunca foi:
> Porque a recompensa de não existir é estar sempre presente.

A ironia transparece na antítese final, e todo o peso afirmativo do discurso recai então na necessidade de distinguir entre a ficção e a realidade, as palavras e as coisas, a ilusão e a sensação.

Caeiro realiza uma operação de *reviramento* de Pascoaes que consiste em afirmar o que existe por oposição ao que não existe, a sensação por oposição à saudade. E isso significa, de imediato, que não se pode construir nada sobre a ilusão. Só sobre a realidade. Pascoaes é o poeta real que afirma uma ilusão, Caeiro é uma ilusão de poeta que afirma a realidade.

A NECESSIDADE DA ILUSÃO

> *Fôssemos nós como devíamos ser*
> *E não haveria em nós necessidade de ilusão...*
> *O guardador de rebanhos*, XLI

Sim, Alberto Caeiro é uma ilusão, como todos os heterônimos e efeitos de autor que encontramos em Pessoa. Do mesmo modo, e em última análise, podemos dizer que Pessoa é o império da ilusão. De fato, Caeiro, que é um Mestre e portanto traz uma verdade e um caminho, é o fruto de uma só necessidade – e nisso é exemplar de todo o trabalho da heteronímia – a necessidade da ilusão.

O fato é que essa irremissível necessidade é um ponto de partida da representação poética, ou da representação em geral. Caeiro, tal como a heteronímia, é um trabalho por dentro da ilusão, mas que vem a consistir na produção de artefatos destinados a desconstruí-la.

Não de uma ilusão como estratégia do conhecimento, ou alguma coisa que seja o equivalente a uma poética (como, por exemplo, a do fingimento). Mas, mais profundamente, de uma ilusão concebida enquanto realidade antropológica. É a partir dela que a arte trabalha, e é com ela que se descobre que tudo nos escapa. E assim se pode ler, num dos poemas culminantes de *O guardador de rebanhos*, o XLVI, que a procura da sensação verdadeira é um caminhar às cegas ("indo sempre no meu caminho como um cego teimoso"). É que nós não somos "como devíamos ser", e quem nos tira a ilusão tira-nos a luz dos olhos.

Terrível constatação, esta. E, ainda por cima, a partir dela toda a leitura literária se torna, ela mesma, indireta, incerta, construída. Tem que ser também esse caminhar de um "cego teimoso" à procura do sentido, da verdade que o Mestre pronuncia. Ou o que quer que seja que mereça esse nome, neste jogo de espelhos de que só por milagre, como no final de *A dama de Xangai*, se consegue sair.

Em ligação com esse ponto está talvez o "êxtase" em que o "aparecimento" de Caeiro se deu, na descrição mitológica que Pessoa dele deixou na já citada carta a Adolfo Casais Monteiro. Tal êxtase mostra o milagre que está no cerne da existência do Mestre, e a poesia (a mais alta poesia) é o outro nome desse feito alquímico (para usar termos próximos de Pessoa) em que pode consistir essa descoberta de uma saída improvável do labirinto das ilusões.

E Mallarmé formula-o, como adiante veremos, assim: "une puissance spéciale d'illusion".

A PAIXÃO DO SISTEMÁTICO

> *O que eu adoro nos seus versos não é o sistema filosófico que me dizem que se pode tirar de lá. É o sistema filosófico que não se pode tirar de lá.*
>
> Álvaro de Campos, in Teresa Rita Lopes,
> *Pessoa por Conhecer*, II

Procurar um sistema explicativo para o conjunto da obra de Pessoa tem sido a ambição de muita e ilustre crítica. Mesmo parecendo óbvio que qualquer sistema choca com a característica dispersão e fragmentaridade dos escritos que dele nos ficaram, tal procura está, afinal, de acordo com uma pulsão constante em todos os textos críticos e teóricos de Pessoa, em que as ideias de construção e de síntese são valores recorrentes.

A posição de Caeiro é, dentre todas as personagens que Pessoa criou, a central. Por isso o aparecimento de Caeiro é dado, na carta a Adolfo Casais Monteiro, como raiz da heteronímia. Caeiro tem um lugar que não é só o de mais uma personagem no drama dos heterônimos, mesmo com relevo e aura únicos, mas o de alicerce de uma arquitetura.

Sem querer insinuar mais um sistema (embora seja uma inevitabilidade de toda a leitura), pode-se falar do *Livro do desassossego* como, talvez, o polo diametralmente oposto àquele que ocupa Caeiro. Ou o seu negativo, também. É nesse *Livro* entre todos estranho que o sonho e o tédio reinam. E é a todo um lado da obra de Pessoa que uma frase muito característica do *Livro do desassossego* como "A divina irrealidade das coisas" (133D-72) se pode referir. Fausto, ou a vasta produção em clave simbolista do Pessoa ortônimo, seguem por esse trilho em espiral infinita.

Já Caeiro tem a ver com o outro polo.

Outro fragmento ainda, "Uma náusea súbita da totalidade do mundo" (133F-100), pode revelar a mesma ideia que o mestre Caeiro constitui como núcleo do seu ensinamento (a Natureza é partes sem um todo), mas numa formulação que já lembra mais o *Livro do desassossego* do que os poemas "naturais" do Grande

Sensacionista. Há aqui confluência, não antilogia. E isso porque Caeiro é o Mestre. Quer dizer, o seu ensinamento é a *doxa* de referência, que todos os "outros" procuram incorporar. Em Caeiro reside a verdade, a única, tal como os outros não são capazes de a viver, e com a qual Caeiro faz corpo. Em relação à qual todas as ideias e até todas as imagens ganham distinção. Incansavelmente glosada, traduzida, esquecida, alterada.

Doxa caeiriana mínima: as coisas existem, e alguém existe que sabe que elas existem.

Uma nota, que recupera ainda a imagem do "caminhar às cegas" do poema XLVI: o heterônimo parece às vezes mal construído, demasiado elucubrante, conceitista, e outras vezes parece muito próximo de Campos, e até de Reis (num poema como "Aceita o universo"). Os heterônimos mantêm entre si ligações subterrâneas, reflexos.

O próprio Caeiro escreve "Nem sempre consigo sentir o que sei que devo sentir" – e há entre o que Caeiro deseja ser e o que é os versos quebrados de muita tentativa sem êxito. Caeiro é, num certo sentido, maior do que ele. É um ser ideal que se manifesta conforme pode. Nem poderia ser Mestre de outro modo, ele que tem todas as variações, doenças e complexidades que referimos. Ele que, por contraste com a Criança Eterna (poema VIII), é humano, demasiado humano.

O ERRO DA FILOSOFIA

> *A guerra, que aflige com os seus esquadrões o mundo,*
> *É o tipo perfeito do erro da filosofia.*
> Poemas inconjuntos

Há uma vasta literatura em Pessoa sobre Caeiro, assinada por Campos, por Reis, por Thomas Crosse, pelo próprio Pessoa etc., feita de resistências, hagiografias, destrinças e homenagens. Encontra-se em grande parte recolhida na edição de Teresa Sobral Cunha *Poemas completos de Alberto Caeiro* (Lisboa, Presença, 1994). Mas o documento mais erudito (aí só parcialmente transcrito) de todos será talvez aquele em que, citando Cícero, Aristóteles, Sêneca e Burnet, e passando por várias transcrições em latim, começa por escrever a frase (68A-3): "Não nos espantemos, que uma cousa é o poeta e outra o filósofo, ainda que sejam a mesma".

A relação de sinonímia entre poesia e filosofia, a propósito do poema de Lucrécio, encontra-se assim estabelecida sob a égide explícita de Caeiro (que é o nome que intitula essa página).

Ao passo que Pessoa ele próprio escreve filosofia enquanto filosofia (e cria mesmo heterônimos filósofos, como Antônio Mora) e poesia enquanto poesia (mesmo que Reis, por exemplo, seja moldado em epicurismo e estoicismo), Caeiro é o nome de uma poesia que é filosofia. Nem filosofia poética nem poesia filosófica, numa síntese que esbateria as diferenças. Mas uma poesia que tem, num dos seus níveis de significação, pertinência ou consequência filosóficas. A leitura filosófica desses poemas é uma marca da sua complexidade, não o refúgio ou a sede do seu sentido.

Há fragmentos que podem ser lidos ou como versos ou como aforismos: "Quem tem as flores não precisa de Deus". E encontram-se notas manuscritas que parecem, ao mesmo tempo, súmulas de uma filosofia e apontamentos para poemas de Caeiro (133B-28): "O mundo não é verdadeiro, mas é real".

Caeiro, ao manifestar a supremacia da realidade sobre a verdade, isto é, sobre o sentido, conduz à análise da realidade, das suas qualidades e graus. Cito a esse respeito um fragmento não assinado, mas que define a mesma vontade de conhecimento (133Y-51): "Two meanings of the word "Real", well exemplified in these two cases: I fear a shadow which, by an illusion I believe to be a man. My fear is not real, in one sense, but, in another, since it exists, is real". "Realidade", aqui, não se pode ler apenas como o polo oposto de "ilusão". Existem interferências, sobreposições, conversões. São mais complexas do que parecem as oposições de que a linguagem e o entendimento se servem.

Contra o erro da filosofia, que é o de querer pensar o mundo abstraindo das sensações, e contra a observação banal e ingênua, Caeiro propõe uma ciência. A ciência de *ver*. É esse o outro nome da sua poesia e da sua filosofia. Aquilo que parece idêntico é diferente, aquilo que aparece em síncrise deve ser discriminado. A própria linguagem é colocada no foco, como se fosse um instrumento que precisasse de afinação. Por isso as discussões sobre palavras: "beleza", "renque de árvores", "manhã", "primavera". Por isso a inicial desarticulação da metáfora no título *O guardador de rebanhos*: "Eu nunca guardei rebanhos". Por isso a reiteração de uma sintaxe mínima, reduzida a frases na sua ordem canônica. Por isso a renúncia às rimas ou a qualquer formalismo composicional. É como se a linguagem devesse ser refundida para servir uma nova mimese.

A ciência que não é nenhuma, a ciência de ver, é a poesia entendida como inscrição da energia do mundo.

A própria forma *poesia* é escolhida por Caeiro a partir de uma deliberação que elege aquele que considera como o mais direto e comunicacional dos modos de utilização da linguagem. Assim, diz na entrevista que a poesia tem a ver com a fala do homem, que "mantém as pausas do nosso fôlego e sentimento", ao contrário da prosa, mais artificiosa e submetida às necessidades da escansão ou da lógica.

Aqui está presente uma noção de poesia como utilização supremamente livre da linguagem, e a concepção de um falar essencial de que a poesia é o gráfico. A poesia como o caminho a direito entre a inteligência do mundo e a folha de papel. Citando Roland Barthes: "Il s'agit, par transmutation [...], de faire apparaître un nouvel état philosophal de la matière langagière" (p. 51).

Nesse ponto, encontramos uma estranha identificação com o Simbolismo, de que parece tão contrário. Mallarmé escreve em *Divagations*: "Le Moderne dédaigne d'imaginer; mais expert à se servir des arts, il attend que chaque l'entraîne jusqu'où éclate une puissance spéciale d'illusion puis consent". O que modela um entendimento da escrita como uma recusa das ilusões da mimese, das projeções fantasmáticas da ficção, e antes como procura alquímica de uma intensidade, uma "puissance spéciale", "un nouvel état philosophal". Ora, a ambiguidade reside no fato de Mallarmé usar a noção de mimese em dois sentidos, um negativo, o da imagem como *trompe-l'oeil*, e outro positivo, o da ilusão quando validada por uma intensidade especial.

Há, como vimos, impossibilidade, quando se usam as palavras, criadoras de um universo virtual, em escapar à ilusão. Mas o trabalho do artista consiste em descobrir os mecanismos de desencadeamento de energia – a energia da "sensação verdadeira" ou a da soberania do "guardador" – no processo de escrita. É esta a marca da realidade na arte: um "poder especial de ilusão". Como vimos: esta é a definição de Caeiro em particular, e a definição de heterônimo em geral.

Uma outra frase encontrada num manuscrito (133D-41): "Dizer uma cousa falha, não porque sugerir seja melhor, mas porque ser é melhor". Desse modo se constata que a poesia, para não ser o falhanço declamatório da *Oração à luz* de Junqueiro ou das *Canções do vento e do sol* de Afonso Lopes Vieira, ou o delírio hiperbólico do *Marânus* de Pascoaes, só pode procurar ser. Não "como que" ser. Ser, apenas. Uma coisa que se sente com "puissance spéciale". Uma frase em que a sensação floresce.

A REALIDADE DAS SENSAÇÕES

Creio mais no meu corpo que na minha alma
Poemas inconjuntos

O Sensacionismo foi esboçado, "levemente e sem querer", por Cesário Verde e fundado por Caeiro, "o mestre glorioso e jovem"; depois, foi tornado "neoclássico" por Reis e vanguardista por Campos (*Páginas íntimas e de autointerpretação*, p. 169).

O Sensacionismo inaugural, o de Caeiro, não é só uma arte, mas também uma ciência e uma moral. É uma poesia, uma interpretação do mundo e uma eudemonologia. O seu conceito de sensação é um elemento da construção poética, um dado do conhecimento e uma via para a felicidade.

"Eu não tenho filosofia: tenho sentidos..." (poema II), "os meus pensamentos são todos sensações" (poema IX), eis os primeiros versos que neste livro de Caeiro vêm marcar o fulcro em torno do qual roda. A substituição dos pensamentos pelas sensações é uma operação de abertura ao real, ao mundo exterior.

O aforismo já citado "O mundo não é verdadeiro, mas é real" designa o núcleo do Sensacionismo em Caeiro de um outro modo, menos simples. O que é da ordem do "verdadeiro" tem a ver com a linguagem, e com a rivalidade inextirpável que rege a vizinhança das diferentes linguagens (sigo, em tradução livre, Roland Barthes); cada discurso procura a hegemonia em relação aos outros; o mundo da linguagem, a *logosfera*, "est un immense et perpétuel conflit de paranoïas" (p. 47). Ideia, aliás, a partir da qual se pode reler o "erro da filosofia" na epígrafe do ponto anterior.

A natureza discursiva da verdade é a de um múltiplo conflito regional (para continuar a alegoria barthesiana), e a heteronímia (toda a obra de Pessoa, mais geralmente) consiste em pôr em cena esse combate de discursos ou de verdades. Pelo que, desde os ensaios críticos sobre "A nova poesia portuguesa", Pessoa escreve a sua ideia-chave: a de que toda a verdade é contraditória.

Caeiro, no centro da heteronímia, ao negar a verdade e ao afirmar a realidade, está a tentar sair desse jogo mortal da digladiação de discursos. Está a tentar encontrar a linguagem capaz de representar a natureza sem a intermediação do pensamento, dizer as palavras de antes dos discursos. Ou as palavras de antes da retórica. É este o seu paradoxo último, e é esta a sua ilusão característica, a de que recusa os exercícios de estilo e de pensamento como se fossem artifícios de que se exime. Ou melhor, é esta a sua aposta impossível de ganhar, a de que o acesso à realidade é possível *no interior das palavras*.

E, no entanto, a sua identificação do sistema simbólico que caracteriza a natureza do homem, descrito como um alvo no poema XLVI,

Procuro despir-me do que aprendi,
Procuro esquecer-me do modo de lembrar que me ensinaram,
E raspar a tinta com que me pintaram os sentidos

é a mesma, por exemplo, que iremos encontrar em Ernst Cassirer na sua análise da cultura do homem (p. 25): "He has so enveloped himself in linguistic forms, in artistic images, in mythical symbols and religious rites that he cannot see or know anything except by the interposition of this artificial medium".

A leitura de Caeiro pode observar de que modo, em relação ao contexto imediato, decadentista e saudosista, como atrás referimos, é calculada a exemplificação que faz dessa "prisão simbólica" atrás de grades de palavras, imagens, mitos, rituais. E também poderia, com igual pertinência, referir-se aqui, de modo menos evidente mas não menos fundamental, a relação com a poesia romântica, sobretudo a inglesa, e de modo ainda mais preciso Wordsworth, que Campos, aliás, refere nas *Notas para a recordação do meu Mestre Caeiro* como objeto de uma discussão a respeito de versos seus (e de como ver uma certa flor amarela).

É característico de Wordsworth, que é uma referência essencial para Pessoa, um universo que Ernst Cassirer apresenta como exemplo acabado de "prisão simbólica":

To every natural form, rock, fruits or flower,
Even the loose stones that cover the highway,
I gave a moral life: I saw them feel,
Or linked them to some feeling: the great mass
Lay imbedded in a quickning soul, and all
That I beheld respired with inward meaning.

Esse "sentido interior" que habita "todas as formas naturais" é aquilo que todo o Caeiro recusa. O poema XXVIII de modo direto: "a Natureza não tem dentro". E, outras vezes, até em formas decalcadas. No poema V, ainda de *O guardador de rebanhos*:

O único sentido íntimo das cousas
É elas não terem sentido íntimo nenhum.

E no poema XXXIX:

Porque o único sentido oculto das cousas
É elas não terem sentido oculto nenhum.

Aquilo que merece o nome de realidade, para Caeiro, é o que é sentido no espaço exterior, o que está "fora e alheio a mim" (ver o poema "Seja o que for que esteja no centro do mundo"). O verso pode aceder à realidade quando se torna exterior, quando "floresce". Mas toda a tendência para a captação da realidade tem que tornar a escrita dos versos qualquer coisa natural, "Como dar-me o sol de fora" (poema XLVI). O que não implica menos uma ciência de desaprender, um trabalho de libertação de palavras, imagens, mitos, rituais, isto é, formas, "tintas".

O conhecimento da realidade, a partir do qual a arte se faz, é, pois, também um conhecimento da realidade da arte, da materialidade das palavras e dos versos. E quer um quer outro implicam um trabalho de desaprender, códigos simbólicos, ideologias, tradições. Daí a radicalidade paratática de alguma desta poesia, que chega a ser constituída pela mera variação na ordem da enunciação de certas palavras: flores, árvores, montes, sol, luar (como no poema v de *O guardador de rebanhos*). Pelo que encontramos uma curiosa e profunda coalizão entre o ato de ler e o de ver, ambos virados para o exterior: "E a minha poesia é natural como o levantar-se vento..." (*O guardador de rebanhos*, XIV).

De novo o fragmento, essencial: "E tudo o que se sente diretamente traz palavras suas". As palavras não exprimem a sensação, nem são um dos seus efeitos, mas a sensação é uma emissão espontânea de palavras, é uma coisa que os sentidos captam e que os versos formulam.

"Tudo isso é absolutamente independente da minha vontade" (*Poemas inconjuntos*).

A CIÊNCIA DE VER

acho que só para ouvir passar o vento vale a pena ter nascido.
Poemas inconjuntos

A importância decisiva do ver na definição que Caeiro dá de si, da poesia e da vida tem que ser entendida: a visão é uma sinédoque dos cinco sentidos, na medida em que contribui com a maior parte das informações que constituem a nossa percepção do mundo. Existe, por isso, um privilégio concedido à visão, e o ver torna-se o símbolo do Sensacionismo.

Assim se justifica que as imagens visuais sejam de longe as mais frequentes. Por outro lado, encontra-se em Caeiro, sem surpresa, uma associação histórica – fundadora daquela mesma Vanguarda em que melhor se inclui por em absoluto a (parecer) excluir – entre o trabalho da poesia e o da pintura.

William Rubin pensou encontrar uma oposição geradora da pintura do século XX em Cézanne e Gauguin, isto é, entre o perceptivo e o conceitual. Caeiro pode sugerir um modo de perceber a diferença e a indiferença dos termos de tal oposição. É que Caeiro, que estuda o ver com obsessão, que o comenta e o pratica, está por isso mesmo a excluir dar o lugar central às coisas no seu "esquema", mas sim àquilo que faz as coisas serem vistas, isto é, à sensação, ao olhar. E o ato de ver uma coisa é, simultaneamente, perceptivo e conceitual.

Há um imagismo elaborado em Caeiro. Que tem relação histórica com o Imagismo de Pound e Flint, seu contemporâneo (o que se pode dizer pela razão simples de que Pessoa o conhece). Mas que aqui interessa nomear assim, sobretudo, por conceber a poesia, de igual modo, como dirigida à produção de imagens dominantemente visuais.

De fato, Caeiro não produz essas imagens apenas, antes desenvolve a argumentação que as subtende, bem como a pedagogia que dela se infere. E razões de eficácia dramática levaram Pessoa a tornar na suma função do seu heterônimo fulcral uma "apresentação do rosto": a figura do visionador ocupa aqueles mesmos versos que a visão poderia povoar de imagens e sensações.

No entanto, a "argumentação" e a "pedagogia" são nesse caso poemas, e cada um é como uma proferição em voz alta. Cujo objeto talvez fique mais claro se lhe chamarmos olhar.

A fotografia, cujo nascimento coincide com o da Modernidade, não representa objetos, mas olhares. A luz captada pela câmara depende do lugar do objeto e do lugar a partir do qual é visto, sendo o olhar a ligação entre eles. A fotografia, que começou por ser essa manifestação de um olhar, "ensinou" o Impressionismo da segunda metade do século XIX a "desaprender" a pose do objeto e pintar esse outro verdadeiro objeto, o único, o olhar sobre ele.

Em Caeiro também não é das coisas que é questão, mas da sua imagem, entendida como o olhar sobre elas. A sensação enquanto definidora do espaço e do sujeito.

Essa noção das coisas exige uma dupla confiança.

Primeiro, a confiança na limpidez dessa noção. Num texto inédito, intitulado "O Sentimento da Natureza", encontro a frase decisiva: "[...] as sensações são, de sua natureza, nítidas, visto que são sensações". Assim, essa frase quase diz que as coisas são sensações, dada a transitividade perfeita com que são entendidas.

Segundo, a confiança na existência das coisas. Como se lê no poema XXIV de *O guardador de rebanhos*:

O que nós vemos das cousas são as cousas.
Por que veríamos nós uma cousa se houvesse outra?

E exige depois que a imagem obtida seja a mais fiel, isto é, a mais transparente. Ou, melhor ainda, que a imagem seja consciente de que não é apenas da presença das coisas de que dá conta, como se fosse um manifesto antiplatônico (cito Christine Buci--Glucksmann), mas também da presença de quem as vê.

Daí o sentido que toma a lucidez da imagem, a luz que a banha e a luz da inteligência que dela dá conta. Como se lê no poema "A noite desce, o calor soçobra um pouco", idealizando a posição em que o ver e a poesia se tornam parte do processo natural:

Estou lúcido como se nunca tivesse pensado
E tivesse raiz, ligação direta com a terra

Nas operações do olhar, fica esclarecida a realidade: e o fato de aparecer como estranha e pouco natural é só um dos efeitos da consciência da sua materialidade "escópica". Quando, no poema culminante de *O guardador de rebanhos*, o XLVI, se lê a imagem:

> *Isto sinto e isto escrevo*
> *Perfeitamente sabedor e sem que não veja*
> *Que são cinco horas do amanhecer*
> *E que o sol, que ainda não mostrou a cabeça*
> *Por cima do muro do horizonte,*
> *Ainda assim já se lhe veem as pontas dos dedos*
> *Agarrando o cimo do muro*
> *Do horizonte cheio de montes baixos.*

Aquilo em que se pode pensar é numa aprendizagem do disfemismo à maneira do mestre Cesário, mas talvez mais decisiva seja a marca de uma estranheza, de uma singularidade irremissível, que depende de um olhar que é único. E que acorda ressonâncias de tom e de jeito na imagem também final do poema I:

> *E ao lerem os meus versos pensem*
> *Que sou qualquer cousa natural –*
> *Por exemplo, a árvore antiga*
> *À sombra da qual quando crianças*
> *Se sentavam com um baque, cansados de brincar,*
> *E limpavam o suor da testa quente*
> *Com a manga do bibe riscado.*

Os exemplos poderiam multiplicar-se. A leitura pode seguir esse fio. O do olhar que dissocia, revela, sonda, desconstrói, reconstrói. Talvez o momento de Caeiro em que de forma mais clara se diz a consciência do olhar seja este dístico dos *Poemas inconjuntos*:

> *Como uma criança antes de a ensinarem a ser grande,*
> *Fui verdadeiro e leal ao que vi e ouvi.*

Eis o epítome do Sensacionismo. Não é às coisas em abstrato que Caeiro deve lealdade, mas às coisas que conhece, àquelas que estão à sua volta e que pode sentir. Às coisas vistas e ouvidas.

REFERÊNCIAS

BARTHES, Roland. *Le Plaisir du Texte*. Paris: Seuil, 1973, reed. s/n. Coll. Points, 1982.

BUCI-GLUCKSMANN, Christine. "Le Retrait et la présence de l'Être: Caeiro". *Tragique de l'Ombre*. Paris: Galilée, 1990.

CASSIRER, Ernst. *An Essay on Man*. New Haven: Yale University Press, 1944, reed. s/n. 1992.

LOPES, Teresa Rita. *Pessoa por conhecer*. v. II. Lisboa: Estampa, 1990.

MALLARMÉ, Stéphane. *Écrits sur le livre*. Paris: Éditions de l'Éclat, 1986.

PAZ, Octavio. *O desconhecido de si mesmo*, 1965. Trad. port. Lisboa: Iniciativas Editoriais, 1980.

PESSOA, Fernando. *Páginas íntimas e de auto-interpretação*. Lisboa: Ática, 1966.

RUBIN, William. "Modern Primitivism: An Introduction", *"Primitivism" in 20th Century Art*. Nova York: The Museum of Modern Art, 1984.

SOBRE O AUTOR

Fernando (Antônio Nogueira) Pessoa nasceu em 1888, em Lisboa. Em 1896, dois anos e meio após a morte do pai, foi morar com a mãe e o padrasto em Durban, na África do Sul, onde fez praticamente todos seus estudos – experiência que lhe deu um domínio seguro do inglês, língua na qual escreveu poemas desde a adolescência (mais tarde publicaria os livros *Antinuos*, *35 Sonnets* e *English Poems*). Regressou a Lisboa em 1905 e matriculou-se no curso de letras, mas o abandonou depois de dois anos sem ter feito um único exame. Em 1909 usou uma herança da sua avó para montar uma tipografia, que durou menos de um ano. Passou a trabalhar para casas comerciais, como responsável pela correspondência em inglês e francês, atividade que exerceu até o fim da vida. Em 1912 publicou seu primeiro artigo, "A nova poesia portuguesa sociologicamente considerada", na revista *A Águia*.

Em 1914, escreveu os primeiros poemas dos heterônimos Alberto Caeiro, Álvaro de Campos e Ricardo Reis, aos quais daria personalidades complexas ("pus no Caeiro todo o meu poder de despersonalização dramática, pus em Ricardo Reis toda a minha disciplina mental, vestida da música que lhe é própria, pus em Álvaro de Campos toda a emoção que não dou nem a mim nem à vida"). Alberto Caeiro, considerado por Pessoa o "mestre" dos outros dois e dele próprio, é "o guardador de rebanhos", um homem de visão ingênua e instintiva, entregue às sensações. Como explicou o poeta: "Alberto Caeiro nasceu em Lisboa, mas viveu quase toda a sua vida no campo. Não teve profissão nem educação quase alguma".

Sob o nome de Bernardo Soares, Fernando Pessoa escreveu os fragmentos mais tarde reunidos em *O livro do desassossego*. Em 1915, com escritores como Almada Negreiros e Mário de Sá-Carneiro, lançou a revista de poesia de vanguarda *Orpheu*, da qual era diretor, marco do modernismo em Portugal e que daria grande projeção ao poeta. O único livro de poesia em português que publicou em vida foi *Mensagem* (1934), marcado pela visão mística e simbólica da história lusa. Fernando Pessoa morreu em 1935, num hospital de Lisboa, provavelmente devido a uma obstrução intestinal.

Dele, a Companhia das Letras já publicou *Aforismos e afins*, *Correspondência 1905-1922*, *Ficções do interlúdio*, *A língua* portuguesa, Lisboa: *O que o turista deve ver, Livro do desassossego, Mensagem, Poesia (1902-1917), Poesia (1918-1930), Poesia (1931-1935 e não datada), Poesia – Alberto Caeiro, Poesia – Álvaro de Campos, Poesia – Ricardo Reis* e *Quando fui outro.*

Copyright desta edição © 2022 by Companhia das Letras

Grafia atualizada segundo o Acordo Ortográfico da Língua Portuguesa de 1990, que entrou em vigor no Brasil em 2009.

Capa e projeto gráfico Elaine Ramos e Julia Paccola
Foto de capa *Sem título*, 1984, têmpera sobre tela de Eleonore Koch, 74,5 × 101,5 cm. Foto de Sérgio Guerini / Coleção Vera e Jaime Bobrow
Fotos de miolo retrato de Fernando Pessoa: Arquivo de Manuela Nogueira – Casa Fernando Pessoa; manuscritos: Acervo da Biblioteca Nacional de Portugal
Revisão Angela das Neves

Dados Internacionais de Catalogação na Publicação (CIP)
(Câmara Brasileira do Livro, SP, Brasil)

Poesia completa de Alberto Caeiro / Fernando Pessoa; edição Fernando Cabral Martins, Richard Zenith. – 3ª ed. – São Paulo: Companhia das Letras, 2022.

ISBN 978-65-5921-187-6

1. Poesia portuguesa I. Martins, Fernando Cabral. II. Zenith, Richard. III. Título.

22-112042   CDD-869.1

Índice para catálogo sistemático:
1. Poesia: Literatura portuguesa 869.1
Eliete Marques da Silva – Bibliotecária – CRB-8/9380

[2022]
Todos os direitos desta edição reservados à
EDITORA SCHWARCZ S.A.
Rua Bandeira Paulista, 702, cj. 32
04532-002 – São Paulo – SP
Telefone: (11) 3707-3500
www.companhiadasletras.com.br
www.blogdacompanhia.com.br
facebook.com/companhiadasletras
instagram.com/companhiadasletras
twitter.com/cialetras

Esta obra foi composta por Elaine Ramos e Julia Paccola em Molitor Display e Acta e impressa pela Gráfica Bartira em ofsete sobre papel Pólen Natural da Suzano S.A. para a Editora Schwarcz em julho de 2022

A marca FSC® é a garantia de que a madeira utilizada na fabricação do papel deste livro provém de florestas que foram gerenciadas de maneira ambientalmente correta, socialmente justa e economicamente viável, além de outras fontes de origem controlada.